Jeff VanVonderen

Heil werden in der Familie

Frei werden vom Zwang,
die eigenen Familienmitglieder zu manipulieren
und unter Druck zu setzen

Jeff VanVonderen

Heil werden in der Familie

Frei werden vom Zwang,
die eigenen Familienmitglieder zu manipulieren
und unter Druck zu setzen

SCHULTE & GERTH

Die amerikanische Originalausgabe erschien im Verlag
Bethany House Publishers, Minneapolis, Minnesota 55438,
unter dem Titel „Families Where Grace Is In Place“

Best.-Nr. 815 788
ISBN 3-89437-788-7
Die Bibelstellen wurden der Einheitsübersetzung entnommen.
Übersetzung: Eva Weyandt
Umschlaggestaltung: Petra Louis
Satz: Projektion J
Druck und Verarbeitung: Schönbach-Druck
Printed in Germany

INHALT

Bevor Sie beginnen …

möchten wir Sie bitten, diese Vorbemerkung zu lesen. Jeff VanVonderen beginnt seine Ausführungen mit einer historischen Deutung der Adam-Eva-Geschichte des Alten Testaments und leitet davon vor allem eine theologische Unterscheidung ab (Fluch und Gnade), die sich durch das ganze Buch zieht.

Für diejenigen Leser, die mit dieser Sichtweise Schwierigkeiten haben, setzen wir im gesamten Buch das Wort »Fluch« in Anführungszeichen, nicht um den theologischen Begriff des »Fluchs« in Frage zu stellen, sondern um deutlich zu machen, daß man diesen Begriff auch durchaus anders definieren kann, etwa als den »Unheilsstrom« (Erziehung, Umwelt, falsche Entscheidungen über Generationen, Versagen, fremde und eigene Schuld, etc.), in dem wir alle stehen – und der in unserem Leben einem wachsenden »Heilsstrom« Platz machen sollte.

Der Verlag

Teil I

Familien, in denen die Gnade keinen Platz hat

EINFÜHRUNG ZU TEIL I

Eines Tages bat ein Mann seine zwöfljährige Tochter: »Chrissy, kannst du etwas für mich tun?«

»Sicher, Dad«, antwortete Chrissy. »Was soll ich tun?«

»Ich muß etwas erledigen. Doch später möchte ich an diesem Zaun dort arbeiten«, erklärte er und deutete auf den hohen, alten Zaun, der das Grundstück einzäunte.

»Würdest du bitte den Abfall um den Zaun herum entfernen? Du kannst ihn in diese Säcke füllen, und wenn ich wiederkomme, bringe ich sie zur Mülldeponie.«

»In Ordnung, Dad«, erwiderte sie. Der Vater ging, und Chrissy begann mit ihrer Arbeit. In weniger als einer Stunde war sie fertig. Ihr Vater war noch nicht wieder nach Hause gekommen, darum überlegte sie, wie sie ihm noch helfen könnte. Sie betrachtete den alten Zaun und dachte: Ich wette, Dad will ihn anstreichen. Ich werde schon mal anfangen. Er wird überrascht sein, wenn er nach Hause kommt.

Die Sonne schien heiß, der Pinsel war sehr hart und der Zaun hoch. Nach etwa einer Stunde war Chrissy müde, verschwitzt und entmutigt. Sie blickte auf das, was sie erreicht hatte. Was für eine scheußliche Arbeit. Ich gebe auf. Ich bin Dad überhaupt keine Hilfe.

In diesem Augenblick kam Chrissys Vater heim. Doch er stieg nicht aus seinem Wagen. Er saß einfach nur da und betrachtete den Zaun. Die Pinselstriche zeugten von der Ungeübtheit der Hände, die den Pinsel geführt hatten. Er konnte sich seine kleine Chrissy vorstellen, wie sie auf den Zehenspitzen stehend sehr hart gearbeitet haben mußte.

Als er ausstieg, stand Chrissy vor ihm. Sie war mit so viel Schmutz und Farbe bedeckt, daß ihre Haut kaum noch zu sehen war. Als er sie näher betrachtete, erkannte er auch Schweiß- und Tränenspuren auf ihrem Gesicht.

Chrissy rannte auf ihn zu. »Daddy, ich wollte dir nur helfen«, weinte sie.

Chrissys Vater führte sie zu einem Gartenstuhl. Er setzte sich darauf, nahm sie auf den Schoß und meinte: »Mein Schatz, ich habe eine schlechte Nachricht, eine noch schlechtere und auch eine gute.

Die schlechte Nachricht ist, daß ich neue Pinsel und eine kleine Leiter im Kofferraum meines Wagens habe. Ich bin in die Stadt gefahren, um diese Sachen im Eisenwarenladen zu besorgen. Der Pinsel, den du benutzt hast, gehörte schon deinem Großvater. Er ist nur noch als Andenken zu gebrauchen.«

»Das war jetzt die schlechte Nachricht«, meinte Chrissy. »Welches ist die noch schlechtere?«

»Ich werde den Zaun abbrechen.«

»Was? Nach der ganzen Arbeit? Warum?«

»Weil er seinen Zweck erfüllt hat. Er kann nicht mehr repariert werden, und ich habe das nötige Material dahinten bei der Garage, um einen neuen Zaun zu bauen. Bist du jetzt bereit für die gute Nachricht?« fragte Dad besorgt.

»Ich denke schon«, schniefte Chrissy.

Chrissys Vater nahm ihr Gesicht in beide Hände, blickte ihr in die Augen und sagte: »Chrissy, ich habe dich lieb. Und ich bin so stolz, daß du es versucht hast. Wie wär's, wenn du ins Auto einsteigst, und wir beide fahren in die Stadt und essen ein Eis?«

»Nachdem ich so viel Zeit vergeudet und ein so großes Chaos angerichtet habe?«

»Ach weißt du«, gab ihr Vater zurück, »mit dem schlechten Werkzeug konntest du kaum mehr erreichen. Und außerdem brauchtest du das auch gar nicht zu tun. Komm, laß uns Eis essen gehen. Danach kannst du mir ja helfen, den neuen Zaun zu bauen, wenn du Lust hast. Der wird sehr viel schöner werden. Und er wird so gebaut werden, daß die Sonne durchscheint und der Wind hindurchweht ...«

Die Geschichte von Chrissy und ihrem Vater ähnelt der so vieler christlicher Eltern, die mich um Rat bitten. Sie möchten das Richtige tun. Sie versuchen verzweifelt, eine christliche Ehe zu führen und die Kinder zu überzeugten Christen zu erziehen. Doch das Ergebnis ist oft, daß die Eltern sich ausgelaugt, entmutigt und als Versager fühlen.

Wenn Sie je solche Gefühle gehabt haben, habe ich Neuigkeiten für Sie. Nur wenige Menschen sind von sich aus dazu fähig, eine gute Beziehung zu ihrem Ehepartner aufzubauen oder die Kinder richtig zu erziehen und zu führen. Wie Chrissy sehen wir die Aufgabe wie einen Berg vor uns stehen, und wir verwenden die Werkzeuge, die wir kennen – doch häufig führt das dazu, daß wir zu der Überzeugung kommen, wir wären unserer Aufgabe nicht gerecht geworden. Uns kommt gar nicht der Gedanke, daß unser Werkzeug vielleicht mangelhaft war. Kein Wunder, daß wir dann erschöpft und entmutigt sind! Einige erschrecken vielleicht bei dem Gedanken: Nun bin ich zu all den Seminaren gegangen und habe mir diese Vorträge über Beziehungen innerhalb der Familie angehört, doch die ganzen erlernten Techniken und Prinzipien sind einfach nicht ausreichend.

Es gibt viele Bücher über das Verhalten innerhalb einer christlichen Familie: wie man eine gute Ehe führt, wie man seine Kinder dazu bringt, ihre Zimmer sauberzuhalten, wie man sein Sexualleben gestaltet, wie man den Ehepartner dazu bringt, den eigenen Wünschen entsprechend zu reagieren und eine Fülle von anderen, mit praktischen Regeln vollgestopften Büchern. Darunter gibt es natürlich auch wegweisende Literatur, wie die eigenen christlichen Wertmaßstäbe auf die anderen Familienmitglieder zu übertragen seien. Und wieder andere Bücher, die helfen sollen, den Familienmitgliedern Selbstvertrauen zu geben.

Doch viel zu oft ist das, was wir als gläubige Ehepartner und Eltern zu tun versuchen, gar nicht unsere Aufgabe. Wir richten unseren Blick auf »ungeistliches« oder falsches Verhalten, dann üben wir Druck aus, kontrollieren Verhalten und tun alles, was in unserer Macht steht, um unseren Ehepartner oder unsere Kinder zu verändern. Ich habe bei vielen Ehepaaren und Familien erlebt, daß dies der Hauptgrund ist für Erschöpfung, Niedergeschlagenheit und den Wunsch, alles hinter sich zu lassen. Wenn die Menschen versuchen, ihre Ehepartner und Familien zu verändern, dann sind Erschöpfung, Niedergeschlagenheit und der Wunsch auszusteigen die zwangsläufige Folge. Darum ist das Anliegen dieses Buches, Ehepaaren und Eltern die richtigen Aufgaben aufzuzeigen und nicht neue Techniken zur Manipulation unserer Ehepartner und Kinder zu vermitteln.

Der erste Schritt ist leicht – wenn wir ihn tun wollen: Wir müssen den Unterschied begreifen zwischen dem, was nur Gott zu tun zusteht und dem, was unsere Aufgabe ist. Gott weiß, daß Sie Ihr Bestes getan haben mit den Mitteln, die Ihnen zur Verfügung standen. Doch Gott sagt vielleicht wie Chrissys Vater: »Ich sehe, daß du wirklich schwer gearbeitet hast, um mir zu helfen und zu gefallen. Aber – ich weiß gar nicht genau, wie ich dir das sagen soll – du hast dich mit einer Arbeit abgemüht, die ich dir gar nicht zugedacht hatte. Du hast versucht, etwas zu streichen, das schließlich doch niedergerissen wird. Keine Farbe der Welt kann das Chaos überdecken. Ich möchte dir zeigen, wie du etwas ganz Neues schaffen kannst.«

Ich spreche davon, wie man lernen kann, sich ständig neu von der Gnade Gottes befähigen zu lassen und so auch seinem Ehepartner und seinen Kindern eine Hilfe sein kann beim Lernen und Wachsen. Und um das zu tun, müssen wir unsere Menschenfurcht überwinden und unser Bestreben aufgeben, äußerlich den Erwartungen anderer Christen entsprechen zu wollen.

Gott allein bringt in Ordnung und verändert. Unsere Aufgabe ist es, uns beschenken zu lassen, zu dienen und auszurüsten. Das ist das Werk der Gnade. Und es ist sehr viel erholsamer, als wir uns vorstellen können.

Während sich Ihre Sichtweise für Ihre eigentliche Aufgabe ändert, werden Sie entdecken, daß Sie fähigere Ehepartner oder Eltern sein können, als Sie je gedacht haben. Sie brauchen sich nicht krampfhaft weiterzubemühen, alte Beziehungen in Ordnung zu bringen, auch wenn es den Anschein hat, als hätten Sie den größten Teil Ihres Lebens damit verbracht. Gott und Sie können neu mit den Menschen anfangen, die Sie lieben. Sie können Beziehungen aufbauen, die durchlässig sind für Licht und frische Luft.

Dieses Buch gibt zwar viele praktische Beispiele, es ist jedoch keine Gebrauchsanleitung, sondern ein Buch über die Gnade Gottes. Ohne die Gnade Gottes ist es unmöglich, wirklich gesunde christliche Familien aufzubauen. Wichtig ist es, der Gnade Gottes überall in der Ehe und in der Erziehung der Kinder Raum zu geben. Wie sich das letztlich auswirkt, wird sich in jeder Familie anders zeigen.

In Familien, in denen die Gnade ihren Platz hat, entwickeln sich lebenstüchtige, kreative, zufriedene Menschen, Menschen voller Glauben und Tiefe. Ist das nicht das, was wir alle wollen?

In Teil I wollen wir beginnen, unsere Beziehungen zu überdenken, indem wir uns mit Familien beschäftigen, in denen die Gnade keinen Platz hat – gute christliche Familien, bei denen man das Gefühl hat, daß etwas »schiefläuft«. Diesen Familien möchte ich sagen, was ich persönlich und in meinem Beruf über Familien gelernt habe, in denen die Gnade spürbar wird – und über die Ruhe und das Glück, die dadurch entstehen.

Kapitel 1

Unser Abweichen vom Plan Gottes

Jack und Joan nahmen nervös auf der Couch Platz. Sie waren seit sechs Jahren verheiratet – und seit fünf Jahren unzufrieden. Ihre Ehe ließ sich mit dem Wort »Überleben« beschreiben. In den vergangenen zwölf Monaten hatte es eine Krise nach der anderen gegeben. Ich stellte ihnen eine scheinbar unverfängliche Frage. »Warum sind Sie zu mir gekommen?«

Während der folgenden halben Stunde versuchte der eine, die Frage zu beantworten, immer wieder unterbrochen von dem anderen, der versuchte, ihn zu korrigieren, etwas zu erläutern und zu erklären. Ihre Frustration wuchs, während sie sich darin abwechselten, sich gegenüber dem anderen ständig zu verteidigen.

Am Ende unserer Sitzung stellte ich ihnen eine Aufgabe, die sie zu Hause bearbeiten sollten. Sie sollten die Frage beantworten: Was müßte sich ändern, damit ich glücklich sein könnte? Das war eine Frage, mit der ich selbst vor etlichen Jahren zu kämpfen hatte.

Zu Beginn meiner eigenen Ehe wurde mir dieselbe Frage von einem christlichen Therapeuten vorgelegt. Ich weiß noch, wie ich dasaß und mir die Antwort meiner Frau anhörte. Während Holly sprach, zeigte fast jeder Punkt einen Bereich an, in dem ich als Ehemann versagte, und im Laufe ihrer Ausführungen fühlte ich mich immer schuldiger und immer mehr entmutigt. Als ich dann an der Reihe war, tat es mir zwar gut, auch endlich auspacken zu können, doch gleichzeitig empfand ich Mitleid mit Holly, deren Gesicht bei jedem Punkt trauriger wurde, weil meine Ausführungen ihr das Versagen als Ehefrau ins Bewußtsein brachten.

»Sehen Sie sich die Liste Ihres Ehepartners an«, riet uns der Therapeut. »Wie können Sie seine Wünsche erfüllen?« Holly und ich verließen die Sitzung mit der Aufforderung, in der folgenden Woche wiederzukommen. Jeder sollte in der Zwischenzeit einen Plan aufstellen, wie er besser auf die Wünsche des Partners eingehen könnte. Ich fühlte mich zutiefst entmutigt.

Nun war ich in der Rolle des Therapeuten, und ich fragte mich, was Jack und Joan wohl sagen würden, wenn sie in mein Büro zurückkehrten. Eine Woche später hatten sie sich Gedanken darüber gemacht, in welche Richtung sich ihr Ehepartner verändern sollte. Ich stellte ihnen nicht die Frage, die der Therapeut uns Jahre zuvor gestellt hatte, die Frage, die sowieso schon niedergedrückten Menschen eine so schwere Last auferlegte. Statt dessen fragte ich: »Wie können Sie glücklich werden, auch wenn sich Ihr Partner nicht ändert?«

An ihrem Gesichtsausdruck merkte ich, daß sie beide vollkommen perplex waren. Wie aus einem Mund riefen sie: »Was?!«

Ich fuhr fort: »Wenn nun Ihr Partner sich nicht so entwickelt, wie Sie das gerne sehen würden? Könnten Sie trotzdem glücklich werden?«

Eine solche Frage hatten sich die beiden noch nie gestellt.

Seit Beginn ihrer Beziehung hatte jeder ein Verhalten des anderen nach den eigenen Vorstellungen erwartet. Nur dann konnten sie glücklich sein. Sie beschäftigten sich mit den »Erfolgen« oder »Mißerfolgen« des anderen. Sie hatten viel Energie darauf verwandt, sich gegenseitig zu ändern.

Außerdem waren neben den weltlichen Dingen auch viele wohlklingende geistliche Aufgaben aufgelistet. »Ich möchte, daß er mit mir betet.« »Sie soll sich bei Entscheidungen mir unterordnen und nicht immer ›hilfreiche Vorschläge‹ machen.« »Er sollte ...« »Sie sollte ...«

Leider scheint diese Erwartungshaltung bei Ehepaaren und Eltern, die meine Hilfe suchen, die Regel zu sein und nicht die Ausnahme. In dem Bestreben, ihr Familienleben glücklicher und besser zu gestalten, haben sie Maßstäbe gesetzt, die niemand erfüllen kann. Der Ort, der ein Segen sein sollte, scheint zu einem »Fluch« geworden zu sein. Gott hatte nie die Absicht, daß sich unsere Ehen und Familien so gestalten sollten. Er hatte einen besseren Plan. Bevor wir weitergehen, sollten wir uns mit Gottes eigentlichem Plan für unsere engsten Beziehungen beschäftigen.

Gottes Plan: ein Fleisch

Wie sah der Garten Eden vor dem Sündenfall aus? Die Schöpfungserzählung berichtet über die sehr enge Beziehung Gottes zum Menschen und der Menschen untereinander. Schon im ersten Kapitel finden wir den Bericht über die Schöpfung des Menschen nach dem Bilde Gottes: Beide zusammen, Mann und Frau repräsentierten das Bild Gottes. (Gen 1,26-28. Dies wird in Genesis, Kapitel 5 noch einmal wiederholt.)

Der »Mann« trug die Verantwortung, doch der Mensch, dem die Verantwortung gegeben worden war – fruchtbar zu sein, die Erde zu füllen, sie sich untertan zu machen und über alles Lebendige zu herrschen, waren Mann und Frau. Dies ist der erste Aspekt des eigentlichen Planes Gottes für die Ehe: Männer und Frauen sollen Mitherrscher, Mitunterwerfer sein.

Gott sagte: »Es ist nicht gut, daß der Mensch allein bleibt. Ich will ihm eine Hilfe machen, die ihm entspricht« (Gen 2,18). Hier wird nicht gesagt, daß Gott dem Mann eine Assistentin geben wollte, die er herumkommandieren kann. Beide sollten über die Tiere der Erde herrschen – aber diese Gehilfin sollte ihm entsprechen, ihm eine Partnerin sein. Darum ließ Gott Adam in einen tiefen Schlaf fallen, dann »schuf« Gott die Eva (Gen 2,22). Die Wortwahl drückt aus, daß hinter dem Handeln Gottes eine Absicht steckte.

Achten wir auf Adams erste Reaktion, als er erwachte und Eva sah: »Das endlich ist Bein von meinem Bein und Fleisch von meinem Fleisch« (V. 23). Er sagte nicht: »Großartig, jetzt habe ich endlich jemanden, der mir meine Sachen hinterherträgt, der die Hausarbeit tut, zu der ich keine Lust habe, und alle meine Bedürfnisse erfüllt.« Im Wort Gottes heißt es weiter: »Darum verläßt der Mann Vater und Mutter und bindet sich an seine Frau, und sie werden ein Fleisch« (V. 24). Das war Gottes Plan für die Ehe: der Beginn eines Prozesses der Einswerdung. Es geht nicht darum, über den anderen zu »herrschen« oder ihn zu »unterdrücken«. Vielmehr ist der Plan für die Ehe, in der Abhängigkeit von Gott zu leben; zwei Menschen werden ein Fleisch, herrschen gemeinsam, haben als Abbild Gottes eine Beziehung miteinander.

Wie kommt es, daß wir uns so weit von diesem Ideal entfernt haben?

Abweichen von Gottes Plan

In einem schrecklichen Moment änderte sich für Adam, Eva und die gesamte Menschheit alles. Am Anfang lebten sie in der Abhängigkeit von und in der Gemeinschaft mit Gott. Dann kamen Rebellion, Schuld und das Verstecken. Zuerst waren sie ein Fleisch, dann kamen Uneinigkeit und Schuld. Ich möchte das an einem Bild verdeutlichen:

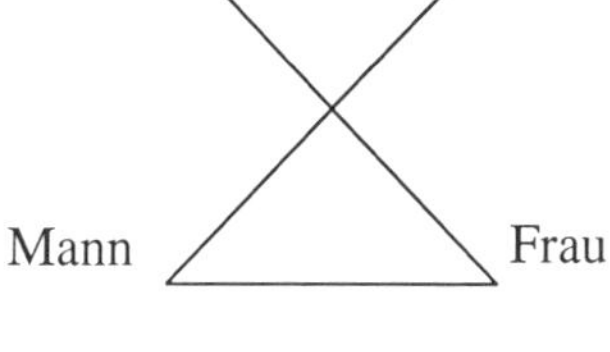

Während Adam und Eva in einer Beziehung zu Gott lebten, in der sie von ihm abhängig waren als dem Einen, der Leben geben und alle ihre Bedürfnisse erfüllen konnte, brauchten sie keine Ansprüche aneinander zu stellen. Durch das Aufblicken zu ihm waren sie sein Abbild.

Dann redete die Schlange ihnen ein, sie könnten sein wie Gott. Sie überzeugte sie davon, daß sie sich besser auf sich selbst verlassen sollten als auf Gott. Nach Meinung der Schlange war Herrschaft besser als Abhängigkeit. Ihrer Meinung nach sollte das Bild eher folgendermaßen aussehen:

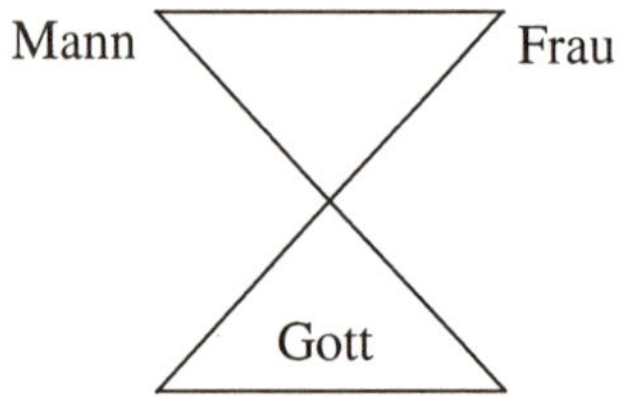

Leider ließen sich Adam und Eva auf die Schlange ein und wurden Gott ungehorsam. Sie sündigten (verfehlten das Ziel) in ihrem Versuch, selbst Gott zu sein und ihre Bedürfnisse selbst zu erfüllen. Wie traurig und unnötig. Sie hatten doch bereits einen Gott, der treu und liebevoll war und sich darum bemühte, ihnen alles zu geben, was sie brauchten. Ihre Entscheidung und die Folgen dieser Entscheidung führten zu dem, was wir als den »Sündenfall« kennen. Das folgende Bild zeigt die Situation auf.

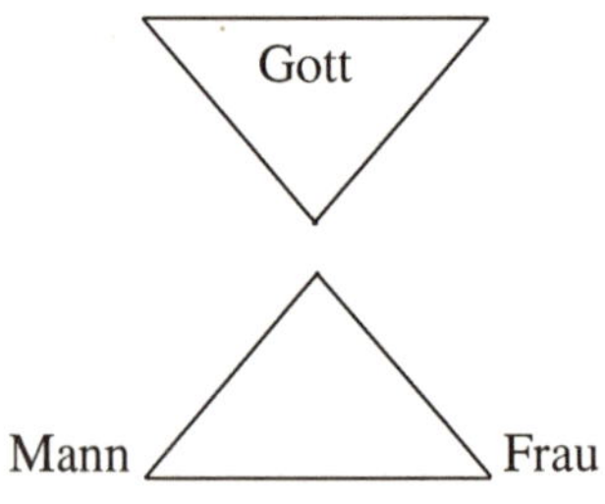

Welchen Einfluß hat diese theologische Erkenntnis nun heute auf Sie und mich – als Ehemänner, Ehefrauen und Eltern?

Verzerrte Beziehungen

Nach dem Sündenfall traten drastische Veränderungen ein. In bezug auf Gott: Adam und Eva bekamen Angst vor Gott und wollten sich verstecken.

In bezug auf sich selbst: Sie schämten sich voreinander. Und in bezug auf andere: Sie begannen, Schuld zuzuweisen und zu verurteilen.

Doch es gibt eine noch sehr viel ernstere Auswirkung auf die Beziehung zwischen Mann und Frau. Im dritten Kapitel der Genesis finden wir, was traditionell als der »Fluch« bezeichnet wird. In diesem Abschnitt sagt Gott zu der Frau: »Du hast Verlangen nach deinem Mann; er aber wird über dich herrschen« (V. 16). Zuerst hatten sie den Impuls, Schuld zuzuweisen. Dann offenbarte Gott, wie die wachsende Egozentrik begann, beide zu motivieren: Die Frau würde auch weiterhin versuchen, »Leben« und Fürsorge bei einem Mann zu suchen, der nicht in der Lage war, diese tiefen Bedürfnisse zu erfüllen – der es nie war und auch nie sein wird. Und der Mann würde über die Frau herrschen wollen, entweder aggressiv und aktiv oder passiv, indem er versucht, sie zum Schweigen zu bringen. Schweigen über seine Unfähigkeit, ihre Bedürfnisse zu erfüllen. Jeder würde Liebe, Respekt und Fürsorge von dem anderen einfordern. Und im Laufe der Generationen würden die Männer und Frauen vergessen, daß ihre eigentliche Bestimmung niemals war, ihr Leben voneinander zu beziehen.

In diesem letzten Diagramm werden die neuen, »gnadenlosen« Tendenzen dargestellt: »Verlangen nach« in der Beziehung der Frau zum Mann und »Herrschen über« in der Beziehung des Mannes zur Frau.

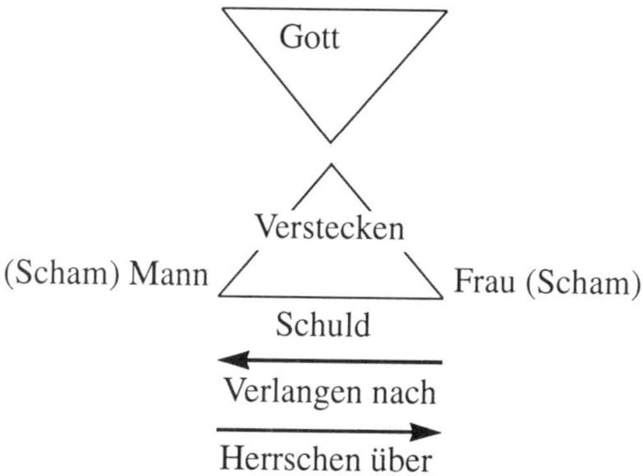

Der »Fluch«

Was wir bei Adam und Eva erleben – und bei Jack und Joan, Jeff und Holly –, ist der »Fluch«, nicht der Plan Gottes. Seine Absicht war, daß wir zusammen herrschen sollten, in Abhängigkeit von ihm. Wir sollten sein dreieiniges Bild widerspiegeln in der Art und Weise, wie wir miteinander in Liebe umgehen. Doch diesem Ideal kommen die Beziehungen in Genesis Kapitel 3 ganz und gar nicht nahe. Mit fast denselben Worten, die er zur Frau sagt: »Du hast Verlangen nach deinem Mann«, warnt Gott Kain vor den Auswirkungen der Eifersucht und der Rebellion. In Genesis Kapitel 4, Vers 7 sagt Gott: »Nicht wahr, wenn du recht tust, darfst du aufblicken; wenn du nicht recht tust, lauert an der Tür die Sünde als Dämon. Auf dich hat er es abgesehen, doch du werde Herr über ihn.« Das sündige Verlangen ist zerstörerisch, beherrschend und vereinnahmend. In gleicher Weise will der Mann »unter dem Fluch« über die Frau herrschen. Sünde macht den Mann hart, despotisch und tyrannisch in seiner Herrschaft.

»Fluch« ist ein ausgezeichnetes Wort, um das zu beschreiben, was hier vorgeht. In der daraus entstehenden Beziehung zwischen zwei Menschen steht einer über dem Partner und der andere unter ihm. Und wenn die beiden sich erst einmal auf einen Kampf um die Herrschaft eingelassen haben, sind sie in einer teuflischen Falle gefangen. Das ist die Wirkung des »Fluchs« – er ist in der Ehe von Joan und Jack und so vielen anderen zu finden. Ihre Beziehung, in der die Gnade herrschen sollte, wird vom »Fluch« bestimmt. Für mich bedeutet das Wort »Fluch-voll« eine Beziehung – oder Aspekte einer Beziehung –, die dadurch gekennzeichnet ist, daß einer sich »über den anderen stellt«. Die Folge davon ist ein ständiges Kräftemessen innerhalb der Beziehung: *das* Kennzeichen des »Fluchs«. Ich meine natürlich jeden Aspekt von Dominanz und Herrschaft, wie sorgfältig er auch unter dem Deckmantel der »Geistlichkeit« kaschiert wird, sei es nun passiv und unterschwellig oder aggressiv und offensichtlich.

Beziehungen zwischen Eltern und Kindern, die vom »Fluch« bestimmt sind

»Hallo«, sagte die Stimme am Telefon, »hier spricht Dean Johnson vom College. Es sieht so aus, als hätten wir wieder einmal Probleme mit Steve. Hätten Sie und Ihr Mann Zeit, zu mir zu kommen?« Dies war der vierte Anruf dieser Art, den Chad und Fran erhielten. Sie fühlten sich verwirrt und erschöpft. Als ich sie mit ihrem Sohn Steve in meinem Büro sitzen sah, fiel mir auf, wie unterschwellig zornig das Elternpaar wirkte.

Der Dekan des christlichen Colleges, das ihr Sohn besuchte, hatte sie angerufen, um ihnen mitzuteilen, daß Steve dabei erwischt worden war, wie er in seinem Zimmer Alkohol trank. Steve wurde vom College verwiesen. Jahrelang versuchten Chad und Fran nun schon, ihren Sohn vom Trinken abzubringen. Doch Steve brach auch weiterhin alle Regeln, die von den verschiedenen Colleges und seiner eigenen Familie aufgestellt worden waren. Seine Eltern waren verständlicherweise müde – aber offensichtlich noch nicht zu müde.

«Du wirst aufhören, dich so zu verhalten!« brüllte Chad wütend.

«Ich brauche nicht auf dich zu hören!« gab Steve zurück.

«Ach nein? Nun, ich werde dafür sorgen, daß du mit dem Trinken aufhörst, und wenn es das letzte ist, das ich tue«, drohte Chad. »Du gehst mir auf die Nerven ..., und du verletzt deine Mutter.«

»Du kannst mich nicht mehr herumkommandieren«, entgegnete Steve.

Sehen Sie? Hier sind zwei Menschen, die beide in dem sinnlosen Bemühen gefangen sind, den anderen zu beherrschen und zu ändern. Und in ihrem Kampf um die Herrschaft sind sie gefangen in einer kranken Beziehung. Auf diese Weise breitet sich der »Fluch« in alle Familienbeziehungen aus, wenn wir nicht erkennen, daß er am Werk ist und anfangen, einen Weg zu suchen, ihn zu bekämpfen.

Unsere Reaktion auf den »Fluch«

Es gibt Tausende Predigten, Hunderte Bücher und Seminare, die Christen helfen sollen, sich von dem »Fluch« zu befreien, als wäre er eine Kruste, die man von der Haut abkratzen könnte. Ich kann es gar nicht deutlich genug sagen: Als Christ sollten Sie sich nicht vom »Fluch« bestimmen lassen. Gott hat uns einen neuen Plan gegeben. Dieser Plan, der uns befreien soll, wird nicht durch Mittel gegenseitiger Beherrschung – und seien sie scheinbar noch so geistlich – verwirklicht. Das wäre nichts anderes als den alten und tödlichen Geist der Gesetzlichkeit schön zu überpinseln. Gottes Plan kommt durch Gnade zum Ziel – das heißt, er hat uns die Macht gegeben, uns radikal umgestalten *zu lassen*, und genauso die Möglichkeit, unsere Familienmitglieder so zu begleiten, daß auch sie den Weg zu dieser inneren Umgestaltung erkennen können.

Es ist nicht unsere Aufgabe, uns vom »Fluch« bestimmen zu lassen wie der Rest der Welt – auch wenn wir uns »anständiger« oder »geistlicher« dabei verhalten. Wir haben die wundervolle Freiheit, in Beziehungen hineinzuwachsen, die dem Plan Gottes entsprechen.

Für die meisten von uns ist der erste Schritt so etwas wie Entgiftung. Wir waren so lange in der Vorstellung gefangen, das Gute im anderen zum Vorschein bringen zu müssen, daß wir nicht erkennen, wie wir selbst in unser altes, »fluchvolles« Verhalten des Herrschens abgeglitten sind. Wir wollen uns jetzt einmal ansehen, wie wir unbewußt dem »Fluch« gestatten, sich in unseren engsten Beziehungen auszuwirken, indem wir uns ausführlicher mit den Merkmalen von Beziehungen beschäftigen, in denen der »Fluch« regiert.

Kapitel 2

Beziehungen, in denen der »Fluch« regiert

Mein Mann Rick interessiert sich anscheinend nicht für geistliche Dinge. Er liest nie in der Bibel, und es wird immer schwieriger, ihn dazu zu bewegen, zum Gottesdienst zu gehen. Am meisten ärgert mich, daß er ein schlechtes Vorbild für die Kinder ist.« So begann vor einigen Jahren meine erste Sitzung mit Danine.

»Wie kann ich Ihnen helfen?« fragte ich und meinte: »Wie kann ich Ihnen helfen, mit sich klarzukommen?«

Es war nicht schwer zu erkennen, daß sie es als ihre Aufgabe ansah, Ricks Verhalten zu bestimmen. Darum verstand sie meine Frage folgendermaßen: »Wie kann ich Ihnen helfen, Ihren Mann dazu zu bewegen, sich geistlicher zu verhalten?« Dies wurde durch ihre Antwort deutlich: »Seit zehn Jahren versuche ich nun schon, ihn mit allen Tricks dazu zu bringen, in die Kirche zu gehen, doch allmählich fehlen mir die Ideen. Ich hoffe, Sie können mir neue Wege aufzeigen, ihn zu motivieren.«

In wessen Verantwortungsbereich fällt Ricks geistliche Einstellung? Natürlich in Ricks. Und Danine hat diese Verantwortung zu ihrer eigenen gemacht. Sie hatte die Aufgabe übernommen, Ricks Gottesdienstbesuch, sein Bibellesen und sein Verhalten zu überwachen. Kein Wunder, daß sie dessen müde wurde.

Der eigentliche »Fluch« entstand, als Adam und Eva ihren Blick von Gott, der unsere Quelle ist, abwendeten. Heute haben wir den »Fluch« als Folge desselben Fehlers in unseren Beziehungen: In einer Ehe, in der der »Fluch« wirksam ist, stellt ein Partner Ansprüche an den anderen, als wenn er oder sie die Quelle seien und nicht ein Gehilfe oder eine Gehilfin. Danine suchte in Ricks geistlicher Aktivität die Erfüllung ihrer Wünsche. Und als Rick sich nicht so verhielt, wie sie es sich wünschte, nahm Danine fälschlicherweise an, es sei ihre Aufgabe, dafür zu sorgen, daß seine geistlichen Qualitäten verbessert würden, um ihre eigenen Bedürfnisse zu erfüllen. In den Kapiteln drei, vier und fünf werden wir uns mit den Phasen beschäftigen, die Beziehungen als Folge dieser Art von Dynamik durchlaufen. Im Augenblick wollen wir uns nur die Merkmale von Beziehungen ansehen, in denen der »Fluch« wirksam ist.

Der »Fluch«

Danines und Ricks Geschichte liefert uns ein sehr gutes Beispiel für Beziehungen, in denen der »Fluch« wirksam ist. Solche Beziehungen sind durch viele Merkmale gekennzeichnet, doch wir wollen unseren Blick hier auf unsere unterschwellig vorhandene Neigung richten, in Gottes Rolle zu schlüpfen, indem wir – vergeblich – versuchen, andere zu beherrschen. Um dies besser zu verstehen, werde ich anhand von fünf Merkmalen Beziehungen, in denen der »Fluch« wirksam ist, näher erläutern:

- der Drang zu herrschen
- Unversöhnlichkeit
- aktives Reagieren
- Beschämung
- Egoismus.

Der Drang zu herrschen

Wenn unser Wohlbefinden und Selbstwertgefühl vom Verhalten eines anderen Menschen statt von Gott abhängig ist, werden wir diesem immer wieder Botschaften übermitteln, die ihm zu verstehen geben: Du mußt dich richtig verhalten. Das eigentliche Problem ist, daß kein Mensch in der Lage ist, durch sein Verhalten einem anderen Selbstwertgefühl zu vermitteln – sein Verhalten wird immer an irgendeinem Punkt nicht angemessen sein. Wenn der andere nicht bereit oder in der Lage ist, sein Verhalten schnell genug oder in der richtigen Weise zu verändern, sind wir meistens zutiefst überzeugt, daß der Betreffende gehörig an seinem Verhalten arbeiten müsse.

So war es auch bei Danine. Sie übernahm es, Ricks Verhalten zu dirigieren. Meine Hilfe suchte sie nur, weil sie das Gefühl hatte, der Aufgabe nicht mehr gewachsen zu sein und zu versagen. Darum erwartete sie von mir Anregungen und neue Ideen in ihrem Kampf, Rick auf den richtigen Weg zu bringen. Ihre eigentliche, unausgesprochene Bitte lautete allerdings: »Helfen Sie mir, meinen Mann besser beherrschen zu können.« Ja, ihre

Sorgen waren berechtigt – doch unbewußt war sie bei Ricks geistlichem Wachstumsprozeß in die falsche Rolle geschlüpft.

Ich möchte das etwas deutlicher machen: Es ist in Ordnung, daß Danine sich Gedanken um das geistliche Wohlergehen ihres Mannes macht. Sie kann sich ruhig Sorgen darum machen, daß Rick sich nicht um Gott kümmert, und kann auch enttäuscht darüber sein. Schlimm für Rick, Danine und letztendlich auch für ihre Beziehung sind ihre Versuche, ihn zu beherrschen und die Kämpfe, die sie miteinander ausfechten. Da Danine die Kontrolle über Ricks Handeln übernimmt, braucht Rick nicht zu lernen, daß er selbst für sich verantwortlich ist. Und er braucht auch nicht die Konsequenzen seines geistlichen Stillstands zu tragen, da es Danine zehn Jahre lang gelungen war, Rick besser dastehen zu lassen, als dies tatsächlich der Fall war.

Dasselbe Phänomen kann in den verschiedensten Bereichen beobachtet werden: Ein Mann versucht vielleicht, seine alkoholabhängige Frau vom Trinken abzuhalten, indem er den Alkohol wegschüttet. Ein Pastor kann versuchen, die Spendenfreudigkeit seiner Gemeinde zu beeinflussen, indem er ihr als Lohn materielles Wohlergehen verspricht. Eltern versuchen, die schulischen Leistungen ihrer Kinder zu verbessern, indem sie die Noten mit denen anderer Kinder vergleichen. Ein Kind versucht, das Wohlwollen seiner Eltern zu erzwingen, indem es ein möglichst vollkommenes Verhalten zeigt. Eine Ehefrau versucht, die Aggressionen ihres Mannes unter Kontrolle zu halten, indem sie ihre Bedürfnisse, ihren Willen und ihre Persönlichkeit aufgibt und ihm »untertan« ist. Ein Christ versucht, Gottes Meinung über ihn positiv zu beeinflußen, indem er krampfhaft alles daransetzt, »heilig« zu leben. Wenn wir die Wirkungsweise der Gnade nicht verstehen, kann der »Fluch« überall regieren – sogar in und zwischen den Gemeinden.

Einmal deutet Jesus Petrus an, auf welche Weise der Apostel zu Tode kommen werde. Petrus, der umgeben war von den anderen Jüngern, wollte wissen, was sie erwarten würde:

> »Petrus wandte sich um und sah, wie der Jünger, den Jesus liebte (Johannes), (diesem) folgte. Es war der Jünger, der sich bei jenem Mahl an die Brust Jesu gelehnt hatte … Als Petrus diesen Jünger sah, fragte er Jesus: Herr, was wird denn mit ihm? Jesus antwortete ihm: Wenn ich will, daß er bis zu meinem Kommen bleibt, was geht das dich an? Du aber folge mir nach!« (Joh 21,21f)

Petrus konnte sich mehr auf die Beziehung eines anderen zu Jesus konzentrieren als auf seine eigene. So ist das auch bei uns. Und während wir damit beschäftigt sind, das geistliche Leben anderer zu korrigieren und die Verantwortung dafür zu übernehmen, muß Jesus uns daran erinnern, daß nur wichtig ist, wie wir selbst zu ihm stehen.

Mir liegt es fern, zur Verantwortungslosigkeit in unseren Beziehungen aufzurufen. Ich bin ganz und gar nicht der Meinung, daß Eltern die Verantwortung, ihre Kinder zu Menschen zu erziehen, die Gott lieben und ihm deshalb gehorsam sind, abgeben sollten. Es ist nur häufig so, daß wir Regeln, Gebote und Druck anwenden, wo Gott uns einen anderen Weg aufgezeigt hat. Damit werden wir uns später noch ausführlicher beschäftigen.

Unversöhnlichkeit

»Seid gütig zueinander, seid barmherzig, vergebt einander, weil auch Gott euch durch Christus vergeben hat« (Eph 4,32). Das hat der Apostel Paulus gesagt. Doch in Beziehungen, in denen der »Fluch« wirksam ist, herrscht Unversöhnlichkeit.

Wenn Sie die neusten Ehebücher gelesen haben, sind Sie vielleicht auf das Konzept des »fairen Kämpfens« gestoßen. Diesem Erfolgsrezept liegt der Gedanke zugrunde, daß bei der Diskussion eines Problems keine der beiden Parteien Dinge aus der Vergangenheit anbringen sollte. Wenn ich sage, daß in Beziehungen, in denen der »Fluch« regiert, Unversöhnlichkeit herrscht, spreche ich nicht nur über einen Mangel an Vergebungsbereitschaft für einen bestimmten Vorfall. Ich spreche von einem Mangel an Vergebungsbereitschaft für Dinge, die Jahre und sogar Jahrzehnte zurückliegen. Dies wird deutlich an der vielen Zeit und Energie, die darauf verwandt wird, diese alten Dinge wieder aufzuwärmen.

Einigen Menschen dient die Unversöhnlichkeit einem sehr praktischen Zweck. Sie gewinnen dadurch die Oberhand über einen anderen; Unversöhnlichkeit hält den anderen in einer Position des Schuldners über eine Schuld, die er nicht begleichen kann. Diese Person versucht dann, durch gutes Verhalten ihrerseits diese Schuld wiedergutzumachen. Auf diese Weise wird Unversöhnlichkeit zu einem sehr wirkungsvollen Mittel, das Verhalten eines anderen zu kontrollieren.

Aktives Reagieren

Menschen in Beziehungen, in denen der »Fluch« wirksam ist, haben noch nicht erfahren, wie befreiend es ist, auf das Verhalten eines anderen in Ruhe zu reagieren. Gesunde Entgegnungen basieren auf dem, was wahr, nützlich und angemessen ist. Unfreie Menschen reagieren spontan, nur, um eine Situation zu kontrollieren. Wenn Ihr Wohlbehagen vom Verhalten eines anderen abhängig ist, dann räumen Sie diesem Menschen große Macht über sich ein. Er hat in Wort und Tat die Macht, Sie anzuklagen oder freizusprechen. Er kann tatsächlich Ihr Selbstwertgefühl aufbauen oder vernichten. Folglich müssen Sie, wenn der andere sich in einer Art und Weise verhält, die Sie in der Öffentlichkeit schlecht dastehen läßt, sofort reagieren, um die Situation im Griff zu behalten. Mit den Worten des »Fluchs« heißt das: kontrollieren oder kontrolliert werden.

Welch ein trauriger Kontrast zur Beschreibung der Liebe im 1. Korintherbrief, Kapitel 13! Paulus sagt, daß Liebe »sich nicht zum Zorn reizen läßt«. Wenn wir also lernen, in Gottes Liebe zu ruhen, können keine äußeren Faktoren unsere Reaktionen bestimmen – sondern nur die Liebe. Liebe ist auch geduldig – »langsam zum Zorn« (1 Kor 13) –, aber Beziehungen, in denen der »Fluch« wirksam ist, sind oft voller wütender Reaktionen. Die Liebe befreit – das Leben unter dem »Fluch« fängt uns in unseren eigenen Reaktionen.

Beschämung

Beschämung ist das schmerzliche Gefühl, als Person unvollkommen, wertlos, nicht liebenswert zu sein. Nicht fehlerhaftes Verhalten ist dafür die Ursache, sondern der ganze Mensch wird gering geschätzt oder abgelehnt. (Über ihre Auswirkungen auf den Christen lesen Sie bitte mein Buch *Tired of Trying to Measure Up* [»Müde, allen Ansprüchen gerecht werden zu müssen«], Bethany House Publishers, 1990.)

Beschämung wird von Menschen häufig als Mittel benutzt, sich über andere zu stellen. Wenn ich Ihnen den Eindruck vermittle, daß Sie schlecht und unvollkommen sind, dann stelle ich mich so dar, als sei ich wertvoller oder besser als Sie und Richter über Ihren Wert als Mensch. Beschämung wird auch als Mittel verwendet, Kontrolle über das Verhalten anderer zu gewinnen.

Wie würden Sie zum Beispiel reagieren, wenn jemand sagte: »Was ist los mit dir – warum kannst du nicht sein wie dein Bruder?« Wenn Sie dann versuchen, Ihrem Bruder ähnlicher zu werden, dann ist es dieser Person gelungen, Sie zu beschämen – das heißt, Sie auf Ihre Unvollkommenheit aufmerksam zu machen. Sie werden versuchen, Ihr Verhalten zu ändern, um das Gefühl der Wertlosigkeit zu überwinden.

Oder was wäre, wenn nun jemand zu Ihnen sagte: »Dem Herrn mißfällt, daß Sie so wenig Geld geben.« Wenn Sie dann mehr geben würden, wäre der Grund dafür nicht, daß Sie Gott lieben und ihm vertrauen, Ihre Bedürfnisse zu erfüllen. Sie würden nur auf die Schuldgefühle reagieren, die Sie empfinden und Geld geben, damit Sie in den Augen eines anderen »geistlicher« dastehen.

Nehmen Sie an, Ihr Ehepartner würde zu Ihnen sagen: »Was für ein Partner bist du überhaupt?« Wenn Sie Ihr Verhalten änderten, dann doch nur, um den Anklagen zu entgehen oder sich vor neuen Anklagen zu schützen.

In all diesen Beispielen würden Sie sich von Furcht treiben lassen, nicht von Liebe.

Egoismus

Wie ich bereits sagte, der »Fluch« treibt einen Menschen dazu, sich in einer Beziehung über den anderen stellen zu wollen.

Menschen in Beziehungen, in denen der »Fluch« wirksam ist, sind egozentriert. (Um das zu verdecken, schieben sie oft Argumente vor, die allerdings nicht ehrlich sind.) Hinter dem, was sie sagen, steckt oft ein ganz anderer, egozentrischer Gedanke:

- Ich möchte, daß meine Kinder sich auf eine bestimmte Art anziehen, weil mir wichtig ist, was die Leute von mir denken.
- Ich möchte, daß mein Ehepartner zur Kirche geht, weil mir wichtig ist, was die Leute über mich sagen, wenn er es nicht tut.
- Du mußt mir schmeicheln, damit ich mich wichtig fühle.
- Wenn du etwas anderes tun willst, als das, was ich von dir erwarte, heißt das, daß ich dir nichts bedeute.
- Wenn du anderen Aufmerksamkeit zukommen läßt, bedeutet das, daß etwas mit mir nicht stimmt.

Das Verhalten in solchen Beziehungen ist so egozentriert, daß selbst offensichtliche Selbstlosigkeit selbstsüchtige Motive verschleiert:

- Ich muß meinem Ehepartner in jeder Hinsicht gefallen und alle seine Bedürfnisse erfüllen, damit ich vor mir selbst ein guter Ehepartner bin.
- Ich muß in der Öffentlichkeit freundlich mit meinen Kindern umgehen,

damit ich als guter Vater oder gute Mutter gelte.
- Ich darf niemals »nein« sagen, wenn ich gebeten werde, etwas in der Gemeinde zu tun, damit andere mich für einen hingebungsvollen Christen halten.

Wie fühlt man sich in einer Beziehung, in der der »Fluch« wirksam ist? Die folgenden Punkte beschreiben das sehr gut.

Erschöpfung

Bei meiner Arbeit als Therapeut habe ich immer wieder festgestellt, daß Christen zu lange warten, bevor sie um Hilfe bitten. Und wenn sie es dann schließlich tun, dann nur, weil sie nicht mehr können. Sie sind dann oft emotional, geistig und geistlich ausgelaugt. Sie haben sich so viel Mühe gegeben, und eines Tages erkennen sie, daß sie erschöpft sind, daß sie nichts erreicht haben!

Ihre Gefühle sind Warnsignale, die anzeigen, daß in Ihrer Beziehung der »Fluch« wirksam ist. Fragen Sie sich, ob bei Ihnen solche Gefühle vorherrschen:

- gefangen sein
- angeklagt sein
- für alles und jedes verantwortlich sein
- bloßgestellt und beschämt sein
- in ständiger Verteidigungshaltung stehen.

Gefangen sein

Wenn in Ihrer Beziehung der »Fluch« wirksam ist, leben Sie in einer Situation, in der Sie nie gewinnen können. Wie gut Sie auch sind, es wird niemals gut genug sein. Sie selbst wissen, wie müde und traurig Sie sind. Sie sind desillusioniert und verwirrt, weil nichts so geworden ist, wie Sie es sich erhofft hatten. Es wäre leichter, einfach zu verschwinden. Aber Sie können es nicht, weil Sie auch wissen, was Gott über Scheidung sagt. Sie fühlen sich gefangen, als wären Sie zu dieser Beziehung verurteilt.

Angeklagt sein

Immer wieder sind Sie daran erinnert worden, daß Sie unzulänglich sind.

Vielleicht stimmt ja wirklich etwas mit Ihnen nicht. Manchmal haben Sie das Gefühl, daß Sie die Person, die Sie eigentlich lieben sollten, nicht einmal mehr mögen. Sie fühlen sich als schlechter Mensch, schlechter Partner, schlechter Christ. Was ist nur los mit Ihnen?

Für alles und jedes verantwortlich sein

Sie fühlen sich für alles und jeden verantwortlich. Sie wissen, wie traurig und erschöpft Ihr Partner ist, und das ist Ihre Schuld. Sie fühlen sich allein verantwortlich für den Zustand Ihrer Beziehung. Vielleicht fühlen Sie sich sogar für Gottes Unmut verantwortlich, den er Ihrer Meinung nach haben muß, wenn er sich Ihre Beziehung betrachtet.

Bloßgestellt und beschämt sein

In einer Beziehung zu leben, in der der »Fluch« wirksam ist, bedeutet, daß jemand anders Ihr Verhalten ständig kritisch im Auge behält und jede Ihrer Bewegungen genauestens beobachtet. Der Ort, an dem Sie sich am sichersten fühlen sollten – Ihr Zuhause, Ihre Beziehung –, ist am unsichersten.

In ständiger Verteidigungshaltung stehen

Als Folge davon wehren Sie ab. Um die ständigen Anklagen zurückzuweisen, geben Sie sich den Anschein, als wäre bei Ihnen alles in Ordnung, auch wenn Sie genau wissen, daß Sie im Unrecht sind. Sie lernen es, den anderen anzugreifen, weil Angriff die beste Verteidigung ist. Und Sie spüren, daß Sie sich immer weiter von diesem Menschen entfernen, den Sie eigentlich lieben. Doch wenn Sie Ihre Verteidigung aufgeben würden, wären Sie ungeschützt. Es ist besser, Ihren Partner auf Abstand zu halten.

Die meisten Menschen, die sich in einer Beziehung ausgelaugt fühlen, sind der Meinung, der andere wäre der Grund dafür. »Wenn er sich doch nur ändern könnte«, oder »Wenn sie doch nur aufhören könnte, mich unter Druck zu setzen, dann wäre ich nicht so müde.« Das stimmt nicht! Sie und ich sind selbst der Grund für unsere Erschöpfung, weil wir versuchen, einen anderen Menschen zu verändern. Und das können wir einfach nicht.

Ich habe Ihnen gerade einiges genannt, das Ihnen helfen kann zu unterscheiden, ob in Ihren Beziehungen der »Fluch« wirksam ist. Im folgenden Kapitel werden wir uns mit einigen Phasen beschäftigen, die Partner durchleben, wenn in ihrer Beziehung der »Fluch« wirksam und Gottes gnadenvoller Plan außer Kraft gesetzt ist.

Kapitel 3

Unter dem »Fluch« leben

Natürlich sind nicht alle Ehepaare, die ich kennenlerne, in derselben Situation, doch in allen Ehen, die unter Streß stehen, gibt es einige Faktoren, die übereinstimmen. Ich werde diese Faktoren veranschaulichen, indem ich sie anhand einer typischen Fallstudie aufzeige.

Zementierte Leere

Jennys familiärer Hintergrund ist den Familienbeziehungen, die im vorhergehenden Kapitel beschrieben wurden, sehr ähnlich. Sie lebt in Beziehungen, in denen sehr viel Wert auf das äußere Verhalten gelegt wird, in denen dem echten, liebevollen Umgang miteinander aber wenig Bedeutung beigemessen wurde. Und doch wäre allein er es gewesen, der zu einem soliden, dauerhaften Heranreifen ihrer Persönlichkeit geführt hätte.

Wenn in einer Familie verhaltensorientierte Beziehungen bestehen, wird es mit Sicherheit einige unglückliche Erfahrungen geben. Und so ist es auch hier. Jenny wird von tiefverwurzelten Schuldgefühlen und dem Gefühl der Unzulänglichkeit geplagt. Jenny hat auch gelernt, ihre Beschämung auf vielerlei Weise zu überspielen. Leider konnten aber ihre Bemühungen ihr Gefühl der Unzulänglichkeit nicht verdrängen – ihr Versagen ist somit vorprogrammiert.

Jenny übernahm noch mehr Pflichten in der Gemeinde und verpflichtete sich zu zahlreichen Aktivitäten in der Schule. Sie beschloß auch, entsprechend der Liste von den Früchten des Geistes zu leben – liebevoll, geduldig, freundlich zu sein ... Wie groß muß das Gefühl des Versagens gewesen sein, als sie in keinem dieser Bereiche erfolgreich war. Als Folge davon erhöhte sich mit jedem Ausrutscher, jedem Versagen, jeder Sünde, jeder Unterlassung ihr Gefühl der Unzulänglichkeit. Es war niederschmetternd. Wenn sie ein Bild von sich selbst hätte zeichnen können – einem Wesen, das sich als Null fühlte –, hätte es vermutlich folgendermaßen ausgesehen:

In jeder Beziehung suchte Jenny die Gefühle von Geborgenheit und Erfüllung, das Gefühl, ein wertvoller Mensch zu sein.

Bestätigte Leistung

Zum Unglück für Jenny – und für viele von uns – wird durch die meisten Beziehungen unser leistungsorientiertes Denken nur noch verstärkt. Wir haben das Gefühl, daß unser Angenommensein von bestimmten Bedingungen abhängig ist, und daß wir etwas leisten müssen. Obwohl Jenny ihre Beziehungen vermutlich nie so gesehen hat, sagte ihr die eigene Erziehung, daß es so und nicht anders ist. Offensichtlich waren die Menschen in ihrer Gemeinde, Familie und Gemeinschaft sehr stark leistungsorientiert erzogen worden. Die meisten Menschen in unserem Umfeld vermitteln uns eine eindeutige Botschaft, genau wie sie auch Jenny zu spüren bekam: Du mußt dir Liebe und Annahme verdienen, um deinem Selbstwertgefühl eine Grundlage zu geben.

Die Folge ist der Zwiespalt, der in dem folgenden Diagramm dargestellt ist. Achten Sie darauf, daß wir unserem äußeren Verhalten nach zwar erfüllt wirken können, im Innern aber doch das Bedürfnis nach jemandem oder etwas haben können, der oder das die Leere in uns ausfüllt.

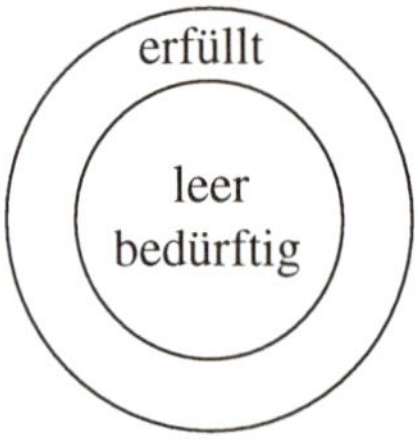

So sieht es wirklich in uns aus. Wir sind leer, bedürftig und suchen nach Leben und Wert.

Dazu bestimmt, sich falschen Götzen zuzuwenden

Christus hat in seinen Lehren zweifellos kein Leistungsdenken gefordert. Jenny ist wie wir alle tief in den »Fluch« eingetaucht. Darum ist sie der Meinung, es sei ihre Aufgabe, ihr Verhalten ebenso wie das ihres Mannes und ihrer Kinder zu kontrollieren – und die Meinung anderer über sie zu beeinflussen, indem sie ihr Verhalten den Erwartungen anpaßt. Ohne es zu wissen versucht sie, auch die anderen zu kontrollieren. In einem solchen Leben hat sie folgendes gelernt:

- Nicht auffallen.
- Andere empfinden vielleicht nicht so wie du, denken und handeln anders – darum verhalte dich ruhig.
- Du bist hier, um die Bedürfnisse aller anderen zu erfüllen.
- Deine eigenen Bedürfnisse kannst du überwinden. Tatsächlich bist du selbstsüchtig, wenn du überhaupt Bedürfnisse hast.
- Was real und wahr ist, ist nicht das Wichtigste. Das Wichtigste ist, wie die Dinge aussehen und was die Leute denken.

Jennys Radarsystem ist auf Meinungen, Reaktionen und die Leistungen anderer programmiert. Unterschwellig herrscht das starke Bedürfnis vor, alles zu beherrschen. In den meisten ihrer Beziehungen ist nur der äußere Schein wichtig. Darum werden nur selten, falls überhaupt, Themen der echten persönlichen Erfüllung und des eigenen Wohlbefindens angesprochen. Jenny empfindet sich sogar als selbstsüchtig, wenn sie überhaupt einmal über ihre eigenen Bedürfnisse nachdenkt. Tatsächlich ist ihre eigene Bedürftigkeit der Grund dafür, daß sie sich auf abhängige Beziehungen zu Menschen oder Positionen zubewegt und sich völlig auf sie einläßt. Wenn sie sich der Wahrheit stellen müßte, würde sie erkennen: Sie jagt falschen Idealen nach.

In einer solchen Beziehung ist das Wohlergehen eines Menschen abhängig von der Leistung eines anderen. Wir wollen uns einmal ansehen, wie das in Jennys Ehe aussieht.

Eine Ehe im Himmel geschlossen?

Sehr häufig sind bedürftige, sich leer fühlende Menschen zu jemandem hingezogen, der ihnen ähnlich ist. Beide empfinden eine innere Leere, während sie sich nach außen so verhalten, als führten sie ein erfülltes Leben. Das ist so, weil die Leere jedes Menschen die volle Leistung des anderen so unbedingt braucht. Und da beiden beigebracht wurde, daß allein der äußere Schein wichtig ist, wirkt das Verhalten des anderen Menschen sehr vielversprechend! Der äußere Schein verspricht, daß jene Bedürfnisse erfüllt werden, die in vorhergehenden Beziehungen unerfüllt geblieben sind. Dies sieht etwa folgendermaßen aus:

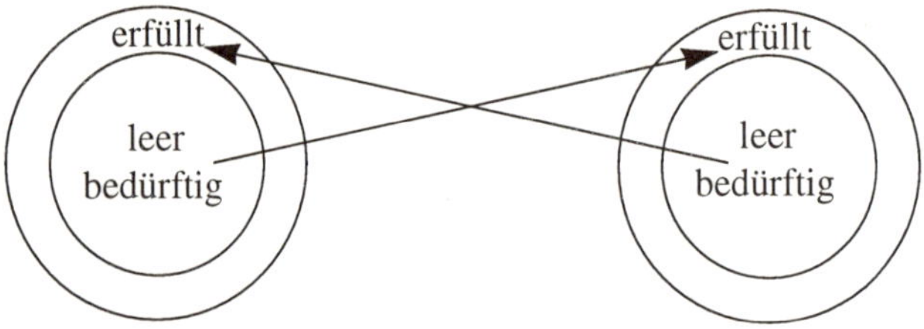

Die Linie mit dem Pfeil verdeutlicht, wie der leere Mensch auf die äußere Leistung des anderen blickt und diesen Menschen fälschlicherweise als Quelle des eigenen Wohlergehens oder der eigenen Erfüllung ansieht.

Als Jenny Tony heiratete, war er ein erfolgreicher junger Manager. Er ging mit ihr zur Bibelstunde und arbeitete in der Jugendarbeit seiner Gemeinde mit. Er stellte keinerlei Anforderungen an sie. Er war für sie der Ritter in der glänzenden Rüstung. Sie konnte sich nicht vorstellen, daß Tony tief in seinem Innern versuchte, sich selbst als Mann und als annehmbaren Christen zu beweisen. Er konnte sehr gut schauspielern.

Eine Tatsache kann gar nicht genügend betont werden: Leere Menschen können die Leere anderer Menschen nicht ausfüllen. Es sieht nur so aus, als könnten sie es. Von Anfang an waren die Probleme in dieser Ehe vorprogrammiert – es war die Art von Beziehung, die viele Eheberater in Atem hält.

Gegenseitige Abhängigkeit

Christen mögen den Ausdruck »gegenseitige Abhängigkeit« nicht. In gewisser Weise haben sie auch recht. Viel zu häufig ist dieser Begriff dazu verwandt worden, nur den psychologischen Aspekt der menschlichen Beziehungen zu beschreiben. Christen müssen wissen, daß es eine tiefere Ebene gibt, auf der wir lernen müssen zu leben, eine Ebene, auf der geistliche

Prinzipien wirksam werden und unsere Beziehung zu Gott nicht außer acht gelassen werden darf. Als Christen gehören wir einer geistlichen Familie an, in der Gott unser Vater ist; er kann aus unserem Denken nicht ausgeklammert werden – oder aus unserer Beratung. Wir wollen einmal sehen, wie das in Jennys und Tonys Ehe funktioniert.

Eigentlich ist zwischen Tony und Jenny gar keine richtige Beziehung gewachsen; es besteht ein psychologisches Arrangement und in geistlicher Hinsicht eine sehr starke Abhängigkeit. Die große Abhängigkeit von der Beziehung auf der psychologischen Ebene wird deutlich, wenn man sieht, wie beschäftigt jeder mit der Leistung des anderen ist. Ähnlich wie ein Alkoholiker, dessen Gedanken nur um den Alkohol kreisen, oder ein von seiner Arbeit Besessener, dessen Arbeit sein ganzes Denken bestimmt, so konzentrierten sich Jenny und auch Tony ausschließlich auf das Verhalten des anderen. Wenn Jenny fröhlich und glücklich war, hatte Tony das Gefühl, ein guter Ehemann zu sein. War sie niedergeschlagen, versuchte er, sie wieder glücklich zu machen. Jenny erging es ebenso mit Tony und seinen Stimmungen.

Das ist gegenseitige Abhängigkeit. Ich habe ein ganzes Buch über Sucht und gegenseitige Abhängigkeit geschrieben. (*Good News for the Chemically Dependent und Those Who Love Them*, Nelson, 1991.) Doch ich möchte Ihnen klarmachen, daß gegenseitige Abhängigkeit nicht nur in Familien vorkommt, in denen es einen Alkoholiker gibt, sondern in jeder Situation, in der ein Verhaltensmuster wichtiger ist als psychologische und geistliche Bedürfnisse. In einer solchen Beziehung geraten die Menschen in Abhängigkeit voneinander, und ihr Wohlergehen und ihr Selbstwertgefühl hängen von der Leistung des anderen ab.

Ich muß gestehen, daß ich zu Beginn meiner Tätigkeit als Therapeut nur sehr ungern jemanden in diese Kategorie einordnete, wenn ich nicht einen abhängigen Menschen in seinem Leben fand. Doch die meisten Menschen, die ich beraten habe, waren schon in eine Abhängigkeit geraten, bevor sie ihrem Partner begegneten. Sie hatten in ihrer Familie ein Verhalten gelernt, das durch und durch von den Prinzipien »Leistung« und »Belohnung« bestimmt war.

Bei dem Begriff »gegenseitige Abhängigkeit« hat man das Gefühl, es wäre ein untergeordnetes Thema, nicht ganz so ernstzunehmen wie Abhängigkeit. Das ist falsch. Gegenseitige Abhängigkeit ist eine Abhängigkeit, die vermutlich sogar noch weiter verbreitet ist als Drogen- oder Alkoholabhängigkeit, jedoch genauso schwierig zu überwinden ist.

Der »rettende« Ausgleich

Wenn Jennys »Radar« auch nur das geringste Anzeichen dafür entdeckt, daß Tony niedergeschlagen ist, eine schlechte Eigenart hat oder etwas Falsches tut, passiert gewöhnlich eines von zwei Dingen.

Das erste erscheint sehr eigenartig. Manchmal ignoriert oder leugnet Jenny einen Zwischenfall und redet sich ein, mit ihrem eigenen Radar stimme etwas nicht. Sie ist der Meinung, ihre eigene falsche Sichtweise der Situation müsse schuld daran sein. Das ist nicht ungewöhnlich, wenn man auf die ungeschriebenen Regeln achtet, mit denen Jenny aufgewachsen ist: Nimm nicht wahr, wenn ein anderer versagt; wenn du es wahrnimmst, dann bist du das Problem.

Die zweite Reaktion paßt mehr zu Jenny. Sie will etwas tun, um Tonys negatives Verhalten oder seine Einstellung zu korrigieren. Sie ist davon überzeugt, daß sie Tony verändern kann, wenn sie nur hart genug an seinem Verhalten arbeitet.

Die Beziehung bekommt immer mehr den Charakter der gegenseitigen Abhängigkeit, weil sowohl Jenny als auch Tony auch weiterhin viel Zeit, Energie und Gefühle in sie investieren. Warum sie das tun? Weil sie all das bewahren wollen, was sie unter großen Anstrengungen aufgebracht haben, um ihre liebenswerte, aber oberflächliche Beziehung aufzubauen.

Würden sie aufhören, das Verhalten des anderen verändern, die Leere des anderen füllen zu wollen, so wäre das gleichbedeutend mit dem Eingeständnis, daß sie viele Jahre und eine Menge Energie vergeblich investiert haben. Ihr Versagen, die Dinge aus eigener Kraft kontrollieren zu können, würde ihr bereits vorhandenes Gefühl der Unzulänglichkeit noch verstärken. Es ist leichter, die Scham des Versagens zu vermeiden, indem man das Abhängigkeitsverhalten zu kontrollieren versucht.

Und außerdem, wie würde das aussehen? Was würden die Leute denken? Immerhin ist der äußere Schein doch das einzige, was zählt, nicht die Tatsache, daß dies eine leere Beziehung ist. Darum ist es leichter, weiterhin noch mehr in diese Beziehung zu investieren in der Hoffnung, daß sie sich eines Tages bessert.

Ich habe Leute kennengelernt, die zum Beispiel geheiratet haben, damit die vier Jahre Freundschaft keine verlorene Zeit waren! Das Ergebnis war eine weitere Version einer solchen ungesunden Beziehung – nur auf jeden Fall eine bei weitem dauerhaftere.

Ein Durchschnittsfall

An dieser Stelle würde ich Ihnen gern eine typische erste Sitzung bei einer Eheberatung schildern. Jenny und Tony betreten das Büro, und ich frage: »Warum sind Sie gekommen? Wie kann ich Ihnen helfen?«

Jenny war nur zu gern bereit, mir eine Liste von Dingen zu geben, die in ihrer Ehe nicht funktionierten, Dinge, bei denen sie Hilfe brauchten. Tony erzählte mir, er sei hier, weil Jenny ihn dazu veranlaßt hätte.

»Was müßte sich ändern, damit Sie glücklich sein könnten?« fragte ich Jenny. »Was brauchen Sie, um sich sicher zu fühlen?«

Sie dachte nach. Dann kam eine lange Liste von Verhaltensweisen, die Tony würde ablegen müssen.

»Wenn er nur aufhören würde, mich anzufahren, wenn ich über etwas spreche, das mich bewegt … Zum Beispiel mache ich mir Gedanken darüber, daß er immer öfter unsere wöchentliche Bibelstunde versäumt. Das hat er früher nicht getan. Ich mache mir Sorgen, was die Leute denken. Oder wenn er etwas sehr Teures für sich selbst kauft. Es ist nicht, daß er nicht hart arbeitet und es verdient, aber … nun, als junge Christen wurde uns beigebracht, daß wir solche Entscheidungen zusammen treffen. Ich fühle mich ausgeschlossen – und wie … nun, vielleicht so, als würde Tony sich immer mehr von mir lösen …«

Und so setzte sich die Liste fort. Tony hatte ein hohes Ziel nach dem anderen verfehlt, das sie sich gesteckt hatten. Und immer ging Jenny von der Annahme aus, sein »Versagen« würde bedeuten, daß er sie nicht mehr so liebte wie früher – und darum war sie unzulänglich. Kurz gesagt, Tonys Verhalten wurde so interpretiert, daß sie genauso wertlos war wie sie sich fühlte. Natürlich war sie sich über dieses Gefühl der Wertlosigkeit nicht im klaren.

Tony stellte ich dieselbe Frage: »Was müßte sich ändern, damit Sie glücklich sein könnten?« Seine Antwort war typisch für Ehemänner: »Wenn meine Frau mich nur in Ruhe lassen würde, dann wäre alles prima. Ich weiß überhaupt nicht, was sie immer hat! Wenn sie nur einfach Ruhe geben könnte, dann wäre alles in Ordnung. Unser Leben ist doch gar nicht so übel.«

Schließlich gab Tony zu, daß er es satt hatte, immer zu überlegen, was Jenny wollte und immer das Gefühl zu haben, daß er ihren Ansprüchen nie genügen konnte.

Diese schmerzlichen Listen

Wenn ich die Geschichte so stehen ließe, könnte man mir vorwerfen, ich würde einige Klischees in bezug auf Männer und Frauen noch verstärken – Klischees, die ich für unkorrekt und ganz und gar nicht hilfreich halte. Tatsächlich ist der Grund, warum die Frauen häufig längere Listen haben als ihre Männer, nicht der, daß Frauen übersensibel oder dominant sind. Manchmal ist das der Fall, doch das ist ein ganz anderes Thema. Auch ist die lange Liste der Frau nicht durch die Gefühllosigkeit des Mannes bedingt. Häufig ist sich ein Mann gar nicht im klaren darüber, was in der Ehe passiert, weil er dazu erzogen wurde, seine Gefühle zu beherrschen oder zu unterdrücken. Er läßt sich von tieferen Gefühlen vielleicht gar nicht anrühren, merkt vielleicht nicht einmal, daß die Beziehung krankt. Manchmal sind Ehemänner nicht bereit, sich zu verteidigen, indem sie ihre eigene Liste schreiben. Und in unserer Gesellschaft reagieren die Männer häufiger auf das Schreien des Chefs als auf die lauten Töne der Frau.

Doch noch gefährlicher und zerstörerischer an diesem »Listenansatz« ist nicht die Länge der Liste, sondern die Tatsache, daß es überhaupt eine Liste gibt. Die Liste der Frau, egal wie lang oder kurz, sagt dem Mann: »Ich mag dich nicht. Ich akzeptiere dich nicht. Doch wenn du dich so verhältst, wie ich das gerne hätte, dann werde ich dich mögen und akzeptieren.« Und egal, wie lang die Liste des Mannes ist, sie sagt der Frau: »Ich mag dich auch nicht. Aber wenn du aufhörst, dich um jede Kleinigkeit zu kümmern, wenn du aufhörst, dich so zu fühlen, wie du dich fühlst, und die Dinge so wahrzunehmen, wie du sie wahrnimmst, dann werde ich dich akzeptieren und mögen.«

So ist die Beziehung, die Gott als eine großartige Quelle gegenseitiger Bestätigung gedacht hatte, voller Haken und vermittelt nur eines, nämlich Ablehnung: »Du bist unzulänglich. Bring mehr Leistung!«

Eheprobleme entstehen nicht über Nacht

Eine Ehe geht nicht über Nacht in die Brüche. Ein Ehepaar wacht nicht morgens plötzlich auf und stellt fest, daß die Ehe nicht mehr funktioniert. Wenn die beiden endlich zu einer Eheberatung gehen, ist es für Hilfe vielleicht schon viel zu spät, bestimmte Dinge können nicht mehr geklärt und die Beziehung nicht mehr geheilt werden.

In der Anfangsphase einer Ehe stecken beide Partner voller Energie, Enthusiasmus und Idealismus. Sie werden die beste Ehe führen, die es je gegeben hat, eine Ehe, die selbst die ihrer Eltern übertrifft. Er wird der beste Ehemann sein, den es je gegeben hat, und sie die beste Ehefrau. Sie werden aus den Fehlern ihrer Eltern lernen und es richtig machen! Ihnen wird nicht passieren, was dieser und jener erlebt hat. Vielleicht werden sie eines Tages sogar ein Geschäft haben oder gemeinsam eine Arbeit tun.

Nach einigen Jahren des Bemühens läßt diese Begeisterung ein wenig nach. Es wird immer schwerer, so zu tun, als würde man anders empfinden, als es tatsächlich der Fall ist. Es wird immer schwieriger, das Verhalten des anderen zu übersehen, das einen selbst zum Wahnsinn treibt. Es ist nicht so leicht, den Blick auf die Bedürfnisse und Gefühle der anderen gerichtet zu halten, wenn es auf Kosten der eigenen geht. Sie haben es satt, die ganze Zeit auf Eierschalen zu balancieren, um die Gefühle und Meinungen anderer nicht zu verletzen. Ehrlichkeit? Integrität? Verletzlichkeit? Wer weiß schon, worum es dabei überhaupt geht?

Das Eingeständnis, daß es ein Problem in Ihrer Ehe gibt, ist der reinste Selbstmord, weil Sie Ihre Energie investiert haben, um durch Ihr positives Verhalten akzeptiert zu werden. Sie haben so viel Zeit damit verbracht, sich den Meinungen Ihrer Eltern, Freunde, der Gemeindemitglieder oder sogar Ihrer Kinder über Ihr Leben und Ihre Ehe als Christ anzupassen, daß es tatsächlich sehr schwer ist, sich die Wahrheit einzugestehen. »Vielleicht wäre es leichter, einfach auch weiterhin so zu tun als ob, wenigstens bis die Kinder aus dem Haus sind.«

Vielleicht sind Sie auch wie andere, die ich kennengelernt habe. Eines Tages wird ihnen klar, daß das Zerbrechen der Ehe ein schlimmerer Angriff auf ihr Selbstwertgefühl wäre als das Eingeständnis des Problems. Nachdem sie nun schon viel zu lange gewartet haben und trotz der Beschämung, zugeben zu müssen, daß sie Hilfe brauchen, gehen sie schließlich zu ihrem Pastor oder einem Eheberater.

Bemühen reicht nicht aus

Selbst wenn es richtig angefangen wird, ist es schwierig zu lernen, eine gesunde eheliche Beziehung aufzubauen. Jenny und Tony wird es sogar noch schwerer fallen. In einigen Menschen ist das Gefühl der Scham so tief verwurzelt, daß sie Experten im Schauspielern geworden sind und auch andere dazu bringen können, etwas vorzutäuschen, um diese Gefühle zu überspielen. Ungesunde Verhaltensmuster, um sich die Liebe und Akzeptanz der anderen zu verdienen, gehören so zu ihrem Wesen, daß sie diese Dinge nur selten erkennen, geschweige denn ändern können.

Wenn das Bemühen allein der Schlüssel zu einer gesunden Ehe wäre, fände man die meisten Ehepaare im »Who-is-Who glücklicher und gesunder Ehen« und nicht in der Klientenliste der Eheberater. Wir sind so dem Automatismus-Denken verhaftet, daß die meisten Ehepaare, die zu einer Beratung kommen, erwarten, ein Rezept für eine erfolgreiche Ehe zu bekommen. Sie haben die Ausführungen von Experten gelesen. Sie haben Seminare besucht. Sie kennen Dr. »Sowiesos« Geheimrezept für die Ehe auswendig. Die meisten Klienten, die zu mir kommen, fragten mich nach meinem Rezept. Sie wollten »Jeffs zehn Schritte zu einer erfolgreichen christlichen Ehe« mit nach Hause nehmen.

Bemühen allein reicht nicht aus. Doch wenn Ihre Beziehung der eben beschriebenen ähnelt, wissen Sie das bereits. Sie haben vermutlich mehr als einmal alles ausprobiert. Meine Zuversicht ist, daß die schmerzliche Wahrheit – Bemühen allein reicht nicht aus – der vielversprechende Anfang der großen Wende sein kann, auf die Sie hoffen.

Bisher habe ich Ihnen nur einen Überblick über Beziehungen gegeben, in denen der »Fluch« wirksam ist. In den folgenden zwei Kapiteln werden wir nun näher darauf eingehen. Ich denke, Sie werden nicht nur sich selbst und Ihre Fehler erkennen, sondern auch den Beginn eines neuen und gesunden Lebens, das Sie jetzt in Ihre Ehe- und Familienbeziehungen bringen können.

Kapitel 4

Wenn eine Ehe nicht funktioniert

Mark war der engagierteste Christ, den ich je kennengelernt habe. In seinem Ort besaß er einen hervorragenden Ruf als Geschäftsmann und Bürger; in seiner Gemeinde war er Diakon und ein ausgezeichneter Sonntagsschullehrer. Sein Erfolg in allen Dingen, die er in die Hand nahm, war zum großen Teil auf seine positive Einstellung zurückzuführen. Häufig opferte er seine Bequemlichkeit und stellte seine eigenen Bedürfnisse zurück, um einem anderen zu helfen oder für ein großes gemeinsames Ziel zu arbeiten. Wenn Probleme mit seiner Frau und seinen Kindern auftraten, riet Mark ihnen, das zu tun, was er immer tat: »Hört auf, euch zu beklagen – wenn ihr euch auf ein Problem fixiert, werdet ihr zu einem Problem. Tut einfach das Richtige. Es ist egal, ob euch das gefällt oder nicht. Das Reich Gottes ist keine Demokratie.«

Eines Tages riß die Realität Mark aus seinen Wunschträumen. Seine Frau Karin zeigte Symptome eines körperlichen Zusammenbruchs und ließ sich in einer Klinik untersuchen. Mark erhielt den Anruf an seiner Arbeitsstelle. Er eilte an ihr Krankenbett, hielt ihre Hand und versuchte, sie zu trösten. »Du schaffst es, Liebes. Ich weiß zwar nicht, was hier passiert, aber wenn du einfach den Herrn anrufst ...«

Karin explodierte. »Sieh mich an, Mark! Sieh mich an. Siehst du nicht, was mit mir passiert? Hast du mich überhaupt jemals richtig angesehen – oder bemerkt, was ich brauche? Kennst du die Kinder wirklich, oder weißt du, was sie brauchen? Ich habe nicht geheiratet, um einen Mann zu bekommen, der auf alles eine Antwort hat. Und wenn du mir noch einmal sagst: ›Bete darüber‹, dann raste ich aus. Hör auf, uns deine theoretischen Antworten zu geben, und liebe uns.« Tränen der Enttäuschung, die sich im Laufe der Jahre aufgestaut hatten, liefen ihr die Wangen hinunter.

Zwei ihrer drei Kinder waren mit Karin in die Klinik gekommen. Mit tränenerfüllten Augen blickten sie ihn an – und auf einmal, wenn auch spät, erkannte er die Tiefe ihres Schmerzes, eines Schmerzes, dessen Ursache er war. Alles, was er in seinem Kopf hörte, waren die vielen christlichen Prinzipien, die er seiner Familie immer eingebleut hatte – die Maßstäbe, nach denen Christen leben mußten, um gute Christen zu sein. Lag er irgendwie falsch, obwohl er die »richtigen« Worte gesagt hatte? Konnte es nicht eher sein, daß dies nur ein geistlicher Angriff war?

Marks zwölfjährige Tochter schluchzte so stark, daß sie nicht sprechen konnte. Doch sein Sohn im Teenageralter blickte ihm in die Augen und sagte eindringlich: »Dad, wir lieben dich. Aber du gibst uns das Gefühl, nie gut genug zu sein. Bitte hör doch auf das, was Mama sagt. Hilf ihr!«

Wie Mark mir später erzählte, veranlaßte die Bitte seines Sohnes ihn zu einer wichtigen Entscheidung: Wenn Karin diese Krise überstanden hatte, mußte er seinen »christlichen Lebensstil« neu überdenken. Von ganzem Herzen glaubte er daran, daß die Bibel wahr war – doch irgend etwas fehlte in der Art, wie man ihm beigebracht hatte, die biblischen Prinzipien anzuwenden. Als er anrief, um einen Termin zu vereinbaren, sagte er mir: »Es ist, als hätte ich den Buchstaben des Gesetzes gelernt, doch der Geist fehlt. Ich dachte, das würde nur im Leben der Menschen im Alten Testament passieren – aber ich glaube, ich bin ein sehr gesetzlicher neutestamentlicher Christ. Ich weiß nicht, wie es dazu gekommen ist. Was fehlt mir?«

Je besser ich Mark kennenlerne, desto mehr kann ich seine Verwirrung verstehen. In vieler Hinsicht war er ein guter Ehemann und Vater. Karin und die Kinder liebte er über alles. Er wollte sie zu guten Christen erziehen, weil er Gott liebte und daran glaubte, daß es nichts Besseres gab, als Christ zu sein.

Schließlich erkannten er und Karin, daß die Ursache ihrer Beziehungsprobleme schon Jahre latent vorhanden war, lange bevor sich die ersten massiven Signale dafür in Karins körperlichem und nervlichem Zusammenbruch zeigten. Obwohl Karin eine vollendete Schauspielerin geworden war, so war sie sich doch häufiger der Probleme in der Beziehung bewußt, und das Ignorieren ihres Schmerzes und ihrer Bedürfnisse mußte unausweichlich zu körperlichen und emotionalen Symptomen führen. Weil Mark ein wirklich mitfühlender Mann ist, war er zum ersten Mal bereit, Karin zuzuhören, um zu erkennen, wo er einen falschen Weg eingeschlagen hatte.

Und aufgrund seiner Bereitschaft zu lernen, kam er bereits nach wenigen Sitzungen zu der Schlußfolgerung: »Ich dachte immer, ich täte das Richtige, wenn ich meine Familie ermahnte, nach den Prinzipien zu handeln, die Gott uns gegeben hat. Ich dachte, Handeln und Gehorsam seien die einfachen Antworten auf all unsere Bedürfnisse und Probleme. Ich habe einfach nicht verstanden, daß ich sie dazu trieb, etwas vorzutäuschen, was nicht da war, während sie innerlich nach wirklichem Mitgefühl schrien. Wenn ich ihnen das zuerst gegeben hätte – als eine Grundlage, auf der sie stehen können –, hätten sie mehr innere Kraft gehabt. Ich war wirklich blind der Tatsache gegenüber, daß ich sie hart arbeiten ließ, ohne ihnen emotionalen und geistlichen Brennstoff zu geben, damit sie den Tag überstehen konnten. Mann, ich hab' wirklich gehörig danebengelangt.«

Mark gehört zu den zahllosen gläubigen Männern und Frauen, denen von Gemeinde- und Seminarleitern beigebracht worden ist, daß geistliches Leben aus dem Einhalten bestimmter Prinzipien entsteht. Ihm war beigebracht worden, geistlichen Erfolg an äußeren Verhaltensweisen zu messen. Man hatte ihm nichts über die inneren Schritte gesagt, die zu einer wirklichen, tiefen Umgestaltung führen. Man hatte ihm nicht beigebracht zu leben.

Infolgedessen war Mark der Meinung, ungelöste Probleme seien ein Hinweis darauf, daß er als Mann, Vater und Ehemann versagt habe. Wann immer seine Frau und Kinder Signale aussendeten, die ihm mitteilten: »Ich kann das nicht«, oder »Ich brauche Hilfe«, dachte er, seine Aufgabe als »Familien-Problemlöser« sei es, den richtigen Weg zur Lösung des Problems zu finden oder sie zu ermutigen, weiter daran zu arbeiten. Es ist kein Wunder, daß viele Männer wie Mark, und vor allem ihre Familien, den Eindruck haben, als befänden sie sich in einer Tretmühle, in der keine Pause in Sicht ist. Kein Wunder, daß so viele Christen bei dem Bemühen, eine Lösung zu finden, über ihre Kräfte arbeiten und wie Karin einem Zusammenbruch nahe sind.

Sicherlich wird es nicht jedem Christ, der sein Christsein auch ausleben möchte, so ergehen wie Mark und Karin. Keinesfalls möchte ich das andeuten. Aber wir sollten uns der Botschaft öffnen: Lösungen sollten uns aufbauen, nicht auslaugen. Und wenn unsere Lösungen uns töten, dann ist es vielleicht an der Zeit, den Kurs zu ändern.

Drei »fluchvolle« Richtungen

Die meisten von uns nehmen fälschlicherweise an, daß durch harte Arbeit Probleme zu überwinden sind. Und wenn die Probleme dann trotzdem noch da sind, gleicht unsere Antwort der von Mark: »Arbeite noch härter.« Aber was passiert, wenn alle unsere Bemühungen fehlschlagen?

Die Menschen versuchen auf verschiedenerlei Weise, das Eingeständnis zu umgehen, daß ihre Bemühungen unzulänglich sind. In diesem Kapitel werden wir uns mit verschiedenen, gut gemeinten, aber »fluchvollen« Richtungen beschäftigen, die ein Mann oder eine Frau bei dem Versuch einschlagen könnte, seine/ihre Ehe zu erhalten. Leider umgehen viele gläubige Ehepaare die tieferliegende Problematik oder geben sich noch mehr Mühe, eine Lösung zu finden, was dazu führt, daß sie zu lange warten, Hilfe zu suchen. Mit anderen Worten, sich für eine der folgenden Alternativen zu entscheiden, verzögert die Lösung.

1. Leugnen eines Problems

Wie lange haben Sie mit Ihrem Ehepartner gelebt, bevor Ihnen klar wurde, daß Ihre Beziehung nicht so funktioniert, wie sie sollte? Die meisten Menschen, die zur Beratung gekommen sind, antworten mir darauf: »Sechs Monate.« Es ist auffallend, daß diese Antwort von Menschen gegeben wird, die ein Jahr, fünf Jahre, zehn Jahre oder sogar schon vierzig Jahre verheiratet sind. Wie haben sie nur diese ganze Zeit überstanden, wenn ihre Beziehung so kurz vor dem Zerbrechen stand?

Die meisten von uns beschließen, das Vorhandensein eines Problems zu leugnen. Warum tun wir das? Viele von uns denken vermutlich, es sei ihre Aufgabe, den anderen glücklich zu machen, ob unser Partner uns nun die Liebe und das Gefühl des Angenommenseins gibt, das wir brauchen, oder nicht. Wir weigern uns, ein bestimmtes Thema anzugehen, weil wir den anderen nicht verletzen oder verärgern wollen. Und wir erkennen dabei gar nicht, daß dies ein trauriges Bemühen unsererseits ist, das Verhalten oder die Gefühle anderer beherrschen zu wollen. Je nachdem, wie lange wir den äußeren Schein wahren können, ist es für uns am leichtesten, das Vorhandensein eines Problems zu leugnen. Das bedeutet, daß wir im Grunde genommen unehrlich sind, weil die Unwahrheit gesagt wird und die Wahrheit, die eigentlich gesagt werden müßte, ein Tabu ist.

So viele erschwerende Faktoren sind hier am Werk. Jedesmal, wenn ein Ehepartner zum Beispiel ein Problem erkennt, neigt er eher dazu, sich zu sagen: Da muß ich mich geirrt haben. Mein »Radar« muß defekt sein. Oder er fragt sich: Ich muß irgend etwas an mir haben, das dieses Problem entstehen ließ. Oder: Was würden die Leute denken? Folglich beschließt er, das Thema nicht anzuschneiden. Natürlich ist das Problem trotzdem vorhanden. Diese Beziehung wird oberflächlich zusammengehalten von dem, was nicht ausgesprochen wird. Das ist Leugnen eines Problems.

Nehmen wir Danine, die ich schon vorgestellt habe. Sie war der Meinung, es sei ihre Pflicht als Christ, ihren Mann Rick zum Gottesdienstbesuch zu bewegen. Die Wahrheit war: Rick wollte nicht zum Gottesdienst gehen. Er wollte am Freitagabend nicht zur Bibelstunde gehen. Eigentlich war ihm Gott gleichgültig geworden. Doch Danine sah es als ihre Aufgabe an, ihn in dieser Hinsicht zu ändern. Sie hatte es versucht, sie war erschöpft, und sie wollte, daß ich ihr nun bei dieser Aufgabe half. Im folgenden gebe ich den Rest unserer Unterhaltung wider:

Jeff: »Warum sagen Sie Rick nicht einfach rechtzeitig Bescheid, daß Sie zum Gottesdienst gehen, damit er sich fertigmachen kann, anstatt ihn schon zwei Tage zuvor mit Andeutungen und Spitzen zu bedrängen?«
Danine: »Und wenn er sich nicht fertig macht?«
Jeff: »Dann gehen Sie ohne ihn.«
Danine: »Was soll ich sagen, wenn die Leute fragen, wo er ist?«
Jeff: »Was haben Sie denn bisher gesagt?«
Danine: »Daß er krank oder verreist ist, oder was mir sonst an Ausreden eingefallen ist.«
Jeff: »Warum sagen Sie ihnen nicht die Wahrheit?«
Danine: »Was – daß Rick lieber zu Hause bleibt und sich Ringen ansieht?«
Jeff: »Ist das denn die Wahrheit?«
Danine: »Ja, das oder Zeichentrickfilme!«
Jeff: »Gut, dann sagen Sie das.«
Danine: »Wenn ich das sagen würde, was würden die Leute denken?«
Jeff: »Die Leute würden das denken, was der Wahrheit entspricht – daß Rick Ringkämpfe wichtiger sind als die Gemeinde.«
Danine: »Wie würde das denn aussehen?«
Jeff: »Es würde so aussehen, daß Rick die Gemeinde so wenig am Herzen liegt, wie es tatsächlich der Fall ist ...«

Danine hatte sich lange Jahre bemüht, die Meinung der Leute über ihren Mann zu beeinflussen. Und vermutlich auch ihre eigene. Sie tat dies aus einer falschverstandenen Unterordnung heraus, die ihr von Gemeindeleitern vermittelt worden war. Irgendwie hatte sie mitbekommen, wie wichtig das äußere Erscheinungsbild als Christ ist und dadurch fast die einzig notwendige innere Umgestaltung im Leben eines Christen übersehen. Indem sie die Verantwortung für die Meinung anderer Leute zu Ricks Verhalten übernahm, ermutigte sie Rick, zu Hause zu bleiben – das genaue Gegenteil von dem, was sie eigentlich erreichen wollte. Das ist keine wirkliche Unterordnung, sondern Lüge. Wirkliche Unterordnung bevollmächtigt oder verändert.

Ich habe von vielen jungen Eltern gehört, daß sie sich ungemein zwingen müssen, ihr jeweiliges Elternhaus in den Ferien zu besuchen. Der Grund dafür, warum es ihnen schwerfällt, dort zu sein, ist, weil sie dort korrigiert und herabgesetzt werden und man ihnen sagt, was für schlechte Eltern sie doch sind.

Ich frage häufig: »Warum sprechen Sie nicht mit Ihrer Familie darüber, wie Sie ihr Verhalten empfinden?« Hier einige Antworten:

»Ich möchte die Beziehung nicht belasten.«

»Das wäre nicht nett.«

»Ich würde meine Eltern nicht ehren.«

Darauf erwidere ich: »Die Beziehung ist doch bereits angespannt. Ist es denn netter, immer wieder neue Lügen zu erfinden, warum Sie nicht zu Besuch kommen können? Ist es denn schlecht oder unchristlich, einfach die Wahrheit zu sagen und dann zu versuchen, die Beziehung neu aufzubauen? Sind Sie der Meinung, ›Vater und Mutter zu ehren‹ würde bedeuten, andere, erwachsene Familienmitglieder wie Kleinkinder zu behandeln, die die Wahrheit nicht vertragen können? Viele Menschen tun das!«

Im Epheserbrief, Kapitel 4, Vers 25 heißt es: »Legt deshalb die Lüge ab, und redet untereinander die Wahrheit.« Und doch weigern sich viele Christen, schwierige oder unangenehme Themen anzusprechen, nur um die äußere Fassade aufrechtzuerhalten. Doch innerlich sieht es ganz anders aus. Eines Tages werden sie aufwachen und erkennen, daß auch der äußere Friede dahin ist. Viele Leute opfern ihre Integrität und versuchen, schwierigen Familienmitgliedern aus dem Weg zu gehen. Sie bemühen sich, eine »Nähe« vorzutäuschen, die überhaupt nicht existiert. Kein Wunder, daß solche Menschen erschöpft sind.

2. Den anderen »in Ordnung bringen«

Die zweite Alternative ist, daß Sie versuchen, das Verhalten Ihres Partners »in Ordnung zu bringen«. Die Tatsache, daß Ihr innerer Frieden und Ihr Wohlergehen abhängig sind vom akzeptablen Verhalten Ihres Partners, führt uns nebenbei zu einem interessanten Punkt, der Ihnen vielleicht noch gar nicht bewußt geworden ist: Wenn Ihr Frieden und Ihr Glück von Ihrem Ehepartner abhängig sind, dann nimmt diese Person für Sie letztlich die Stellung Gottes ein.

Verhält sich Ihr Ehepartner nicht Ihren Erwartungen gemäß, sind Sie dann der Meinung, Sie müßten sein Verhalten ändern? Dann werden Sie immer in eingefahrenen Gleisen laufen: Sie werden immer versuchen, Ihren Ehepartner zu »richtigem« Verhalten zu bewegen – auf Kosten Ihres eigenen Friedens und Ihrer eigenen Sehnsucht nach Nähe. Doch die Wahrheit ist, daß der »Friede« nur äußerlich und zeitlich begrenzt ist. Die Beziehung ist wie eine Berg- und Talfahrt, deren Höhen nur durch eigenes Bemühen (und das des anderen) erreicht werden.

Mit Hilfe eines Diagramms, das ich im vorhergehenden Kapitel begonnen habe, möchte ich zeigen, wie eine Beziehung funktioniert, wenn ein Partner versucht, einen anderen zu verändern.

Die erste Situation, die entstehen kann, wenn Sie sich von Ihrem Partner abhängig machen, hat folgende Ursache: Ihr Partner besitzt einfach nicht die Wesenszüge, die Sie sich wünschen. Das bedeutet, daß Ihr Partner in Ihren Augen unzulänglich ist. Niemand sieht es gern, wenn die Quelle des eigenen Wohlbefindens unzulänglich ist. Darum reagieren Sie, indem Sie Druck welcher Art auch immer ausüben und hoffen, daß Ihr Ehepartner »funktioniert«. Sie gehen von der falschen Annahme aus, dies würde Ihre Bedürfnisse erfüllen. Und so sieht das aus:

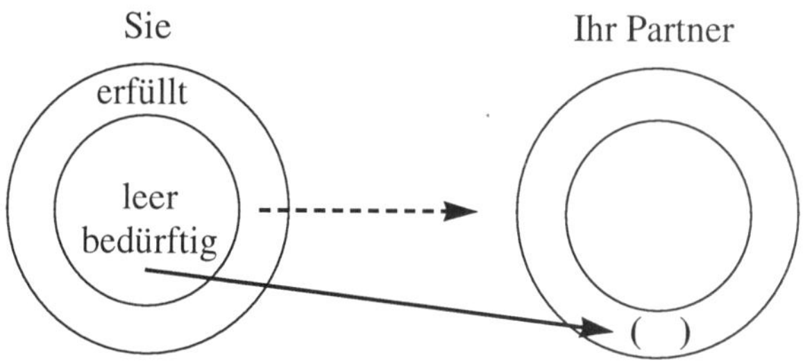

Die durchgehende Linie mit dem Pfeil steht für den Mann oder die Frau, der oder die gutes Verhalten von seinem oder ihrem Partner erwartet. Die gestrichelte Linie mit dem Pfeil steht für den Druck, den sie ausüben, um ihren Partner dazu zu bewegen, sich auf eine bestimmte Weise zu verhalten. Sie können dazu z. B. Nörgeln, Drängen, Manipulieren, Bestechen, eigenmächtiges Handeln, Schreien, Schlagen, Drohen, Bibelverse oder Schmollen anwenden. Die Klammer symbolisiert das Verhalten, das sie zu erreichen suchen. Leider ist die Klammer leer: Sie werden nie erreichen, was sie zu erreichen hoffen, weil ihre Ehepartner gar nicht die Fähigkeiten dazu besitzen.

Schauen Sie einmal, wie das in den folgenden Beispielen Anwendung findet.

Sie: »Warum sprichst du nicht mit mir? Wir setzen uns nie zusammen und reden miteinander. Du sprichst mit deinen Freunden und deiner Familie. Warum nicht mit mir?«

Er: »In Ordnung. Laß uns reden. Worüber möchtest du denn sprechen? Such dir ein Thema aus.«

Sie: »Eigentlich ist es unmöglich, daß ich darum bitten muß. Warum machst du eine so große Sache daraus? Warum kannst du dich nicht einfach mit mir unterhalten? Bevor wir geheiratet haben, haben wir uns die ganze Zeit unterhalten. Und jetzt bekomme ich kaum eine Antwort von dir.«

Er: »Siehst du! Wenn ich nicht spreche, ist es dir nicht recht, und wenn ich dir anbiete, mich mit dir zu unterhalten, ist es auch nicht richtig. Ich kann dir auch überhaupt nichts recht machen!«

Sollten Ehepaare miteinander reden? Selbstverständlich. Doch bei diesem Beispiel geht es eigentlich nicht um eine Unterhaltung, sondern um den Wunsch nach Intimität und Aufmerksamkeit. Aber vor allem geht es auch um Erwartungen. Ein zweites Beispiel.

Sie: »Du nimmst mich gar nicht mehr in den Arm. Ich bekomme kaum noch Zuneigung von dir. Heute morgen, als ich nach dieser Unterhaltung [mit einer Freundin] so traurig war, hätte ich dich so sehr gebraucht. Du wußtest das, aber du bist mir aus dem Weg gegangen.«

Er: »Ich wußte nicht, daß du gern in den Arm genommen worden wärst. Wenn du diesen Wunsch hattest, warum hast du es nicht einfach gesagt? Bin ich denn Gedankenleser? Ich hätte dich in den Arm genommen, wenn du mich darum gebeten hättest.«

Sie: »Eigentlich sollte ich dich nicht darum bitten müssen. Du solltest einfach den Wunsch verspüren, mir Zuneigung zukommen zu lassen. Ich erinnere mich noch daran, als wir miteinander ausgegangen sind, konntest du kaum die Hände von mir lassen. Aber die Zeiten sind lange vorbei! Du kannst dich kaum noch überwinden, meine Hand zu halten. Ich habe das Gefühl, als wäre ich aussätzig.«

Er: »Siehst du! Wenn ich dich nicht umarme, bekomme ich einen Verweis, und wenn ich anbiete, dich in den Arm zu nehmen, ist es auch nicht richtig. Ich mache einfach immer alles falsch. Was soll's also?«

Sollten Ehepaare sich gegenseitig unterstützen und körperliche Zuneigung zeigen? Ohne Frage. Wieder geht es hier nicht nur um die Zuneigung, sondern um enttäuschte Erwartungen. Und vor allem darum, wie Menschen versuchen, ihre unzulänglichen falschen Götter zu verändern.

Eine zweite Dynamik kann sich entwickeln, wenn Sie der Meinung sind, das Verhalten Ihres Ehepartners sei in gewisser Hinsicht schädlich. Das kann von Gefühllosigkeit bis hin zur offenen Unmoral reichen. Was immer es ist, dieses negative Verhalten auf seiner Seite setzt ihn in Ihren Augen herab. Niemand möchte einen falschen Gott haben, der selber große Probleme hat. Darum üben Sie Druck auf Ihren Ehepartner aus, um die negativen Verhaltensweisen in positive zu verwandeln oder sie wenigstens zu verbergen. Das sieht dann folgendermaßen aus:

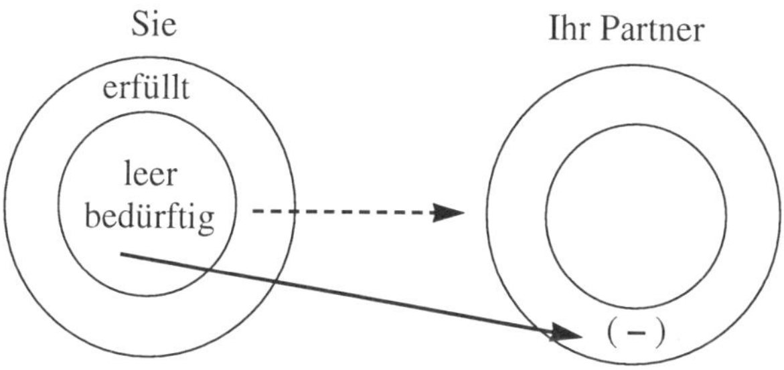

Das negative Verhalten Ihres Ehepartners wird durch ein Minuszeichen (–) angedeutet. Wieder stehen die Linien für das, was Sie sich wünschen und für die Taktik, die Sie anwenden, um Ihr Ziel zu erreichen.

Es gibt eine Fülle von verbalen Taktiken, um das Verhalten eines anderen zu ändern. Einige Beispiele:

- *Anklagend*: Wenn du dieses oder jenes nicht getan hättest, dann wären wir jetzt nicht in diesen Schwierigkeiten.
- *Vergleichend*: Warum kannst du dich nicht wie dein [Verwandter, Nachbar, Freund] verhalten? So etwas hat er noch nie getan, oder?
- *Herausfordernd*: Wenn du mich wirklich lieben würdest, dann wärst du nicht so __________.
- *Vorwurfsvoll*: Ich kann nicht glauben, daß du das getan hast. Was ist los mit dir? Was sollen die Leute in der Gemeinde denken?
- *Leugnend*: Wenn du dich so oder so verhältst, dann laß es wenigstens die (Kinder, Eltern, Freunde) nicht sehen.

Es gibt noch viele andere Mittel, mit denen Sie versuchen können, das Verhalten Ihres Ehepartners zu ändern. Noch einmal möchte ich betonen, daß ich durchaus der Auffassung bin, daß es nicht in Ordnung ist, wenn Leute sich negativ verhalten. Und es ist normal, wenn jene, auf die das negative

Verhalten gerichtet ist, darauf reagieren. Doch wir konzentrieren uns hier nicht auf negatives Verhalten, sondern auf unsere Neigung, uns falsche Götter zu schaffen, die uns veranlaßt, unseren Frieden und unser Wohlergehen bei jemand anderem als Jesus Christus zu suchen. Sowohl Ehemänner als auch Ehefrauen stehen gleichermaßen in der Versuchung, ihre zerbrochenen falschen Götzen »zusammensetzen« zu wollen.

In einigen Beziehungen konzentrieren sich die Menschen sogar so stark auf das Verhalten des anderen, daß sie versuchen zu reparieren, was nicht einmal zerbrochen ist. Wir alle haben Beispiele dafür erlebt. Ein Mann will erzählen, was am Mittwochabend passiert ist, die Frau behauptet jedoch, dieser Zwischenfall habe sich am Dienstagabend ereignet. Der daraus entstehende Streit ist eigentlich überflüssig, doch um so heftiger. Ähnliche überflüssige Auseinandersetzungen entstehen über die Art, wie die Klopapierrolle angebracht oder die Zahnpastatube ausgedrückt werden soll.

3. Sich selbst ändern, um den anderen dadurch zu verändern

Das dritte häufig in einer Ehe zu findende Szenario ist, daß ein Mann oder eine Frau versucht, sich zu verändern in der Hoffnung, dadurch seinen oder ihren Ehepartner zu verändern. Vereinfacht heißt das, wir sagen uns oft: Wenn ich mich selbst in den Griff bekomme, dann wird er oder sie sich ändern.

Ein wichtiges Beispiel dafür ist die Art von falscher Unterordnung, die nur zu häufig von gläubigen Pastoren, Lehrern und Seminarleitern verkündet wird. Wir werden uns später noch mit den Merkmalen wirklicher Unterordnung beschäftigen. Nur zu oft wird uns beigebracht, wir sollten uns äußerlich mit etwas Bestimmtem abfinden, während wir innerlich damit überhaupt nicht einverstanden sind. Das ist keine Unterordnung, das ist Heuchelei.

John zum Beispiel möchte sich gern einen neuen elektrischen Motor für sein kleines Boot kaufen. Andrea ist mit Johns Plänen nicht einverstanden. Zu Beginn ihrer Ehe gab es schon lautstarke Auseinandersetzungen über Geldangelegenheiten, und Andrea war gar nicht glücklich dabei gewesen. Sie hatte gelernt, eine andere Taktik anzuwenden, um ihr Ziel zu erreichen: Als John über den Motor sprach, den er kaufen wollte, schwieg Andrea einfach. Es war nicht so, daß sie ihn ignoriert hätte, doch ihr Verhalten war so kühl, daß John ihre Botschaft sehr wohl verstand: Ich möchte nicht, daß du den Motor kaufst. Tu es, wenn du unbedingt willst, aber ich bin damit nicht einverstanden. Johns und Andreas Pastor hatte kurze Zeit zuvor darüber gesprochen, daß der Mann seine Frau und Familie lieben und ihnen dienen soll. Nachdem er genügend abwehrende Signale erhalten hatte, dachte John an das, was sein Pastor gesagt hatte und beschloß, das Thema fallenzulassen und nicht wieder anzuschneiden. John gefiel es überhaupt nicht, daß Andrea ihn so abweisend behandelte. In gewisser Weise fühlte er sich dadurch seiner Männlichkeit beraubt.

Ist dies ein Beispiel für liebevolle Unterordnung des Ehepartners? Nein. Andreas Schweigen war keine Unterordnung. Und Johns Wunsch war es auch nicht, eine ehrliche Auseinandersetzung zu riskieren, die zu einer Einigung hätte führen können. Er wollte unter allen Umständen äußeren Frieden mit Andrea. Mit dieser Einstellung würde John niemals Andreas Hoffnungen oder Ängste richtig verstehen. Auch würde er niemals aufrichtig mit der Verärgerung fertigwerden können, die er empfand, als seine Pläne auf Abwehr stießen. Dies ist keine Ehe, in der die Partner »ein Fleisch« sind; es ist eine Beziehung, in der einer gewinnt und der andere verliert.

Saralyns Schwierigkeiten mit Bruce waren ähnlich geartet. Nach zwei Jahren Ehe stellte sie fest, daß ihr die ganze Verantwortung für ihr Leben zufiel. Sie mußte zusehen, daß die Rechnungen rechtzeitig bezahlt und ihre Autos gewartet wurden. Auch mußte sie alles, was die Kinder betraf, allein entscheiden.

Bruce war Diakon ihrer Gemeinde und leitete eine Bibelstunde. Darum hielten ihn die meisten ihrer Freunde für einen hingebungsvollen Ehemann und Vater – obwohl nichts der Wahrheit ferner lag. In bezug auf seine Familie handelte er sogar ausgesprochen unverantwortlich. Er vergaß häufig, die Rechnungen zu bezahlen, weil er abends meistens vor dem Fernsehgerät saß. Anstatt aktiv in die Erziehung der Kinder einzugreifen, brüllte er nur herum und versuchte, das Verhalten der Kinder auf diese Weise zu ändern.

Wenn es Saralyn zuviel wurde, die Last allein zu tragen, die Bruce eigentlich mit ihr teilen sollte, versuchte sie, mit ihm über das zu sprechen, was ihr am meisten zu schaffen machte. Bruce explodierte dann und beschuldigte sie, kritiksüchtig zu sein. Wenn sie dann nicht nachgab und ihn auch weiter anflehte, ihr doch einen Teil der Last abzunehmen, wurde er manchmal so wütend, daß er mit der Faust gegen die Wand schlug, und dann zu einem Schlag ausholte, der fast immer die gewünschte Wirkung zeigte: »Du bedrängst mich – und das zeigt, wo das eigentliche Problem liegt. Du rebellierst und willst mich kontrollieren.« Dann zitierte er Bibelstellen, bis sie ergeben ihren Platz wieder einnahm.

Als Saralyn zu mir kam, stand sie kurz vor einem Nervenzusammenbruch. Sie hatte einen verlorenen, hoffnungslosen Blick und war sicher, ein schlechter Christ zu sein, weil sie zwar versuchte, sich Bruce zu »unterwerfen«, ihr Herz ihr jedoch immer wieder sagte, daß irgend etwas an diesem Konzept einer christlichen Ehe nicht stimmen konnte. Ihre Unterordnung kam nicht von Herzen oder aus Überzeugung; sie hatte ganz einfach Angst vor Bruces Wut. Ihr Pastor führte Bruce als Beispiel eines Mannes an, der sein Haus in Ordnung hielt, gründete sein Urteil jedoch auf das, was er von außen sah. Saralyn sah die Dinge, wie sie wirklich waren, und sie litt an der traurigen Diskrepanz. Ihr stilles »Dulden« war keine Unterordnung.

Wenn sich jemand äußerlich aus Furcht »unterordnet«, um Schuldgefühle abzubauen oder um seine »Geistlichkeit« zu beweisen, dann ist das keine wirkliche Unterordnung. Wirkliche Unterordnung befreit uns von Furcht, hilft uns, uns unseren Verhaltensweisen, die uns Schuldgefühle vermitteln, zu stellen und sie zu verändern und hilft uns, im Leben als Christ gefestigter zu werden. Akzeptieren Sie nichts anderes.

Falschverstandene Unterordnung ist eine ernste Angelegenheit

Weil die falschverstandene Unterordnung ein so weitverbreitetes Problem ist und vielen, sonst guten Ehen schadet, möchte ich ein wenig ausführlicher darauf eingehen. Dies will ich anhand eines weiteren Beispiels aus meiner Beratungstätigkeit tun.

Vor nicht allzulanger Zeit kam ein Ehepaar zur Beratung zu mir. Die sechsjährige Ehe war schon seit fünfeinhalb Jahren nicht mehr in Ordnung. Die Ehefrau Chris erzählte, Carl hätte immer wieder Entscheidungen getroffen, ohne sie um ihre Meinung zu fragen. Lange Zeit hätte sie Zustimmung geheuchelt, weil sie dachte, dies würde ihn weicher stimmen. (Der Versuch, den anderen zu verändern.) Carl änderte sich jedoch nicht, und Chris fühlte sich nun ihrer eigenen Integrität beraubt. Wenn sie auch nur andeutete, daß ihr seine Entscheidung nicht gefiel, begann Carl, sich gnadenlos bei anderen über sie zu beschweren, bis sie einfach mürbe war. Dies führte dazu, daß sie Groll gegen ihn aufbaute, der sich nun auch auf andere Bereiche ihrer Beziehung auswirkte.

Nachdem ich fast zwanzig Minuten lang ihren Ausführungen zugehört hatte, verschränkte Carl die Arme vor der Brust und fragte mich: »Was meinen Sie, was es bedeutet, wenn die Bibel sagt, daß die Frau dem Mann untertan sein soll?« (Ich werde Ihnen später sagen, was ich Carl darauf antwortete.)

Was ich im Augenblick klarmachen möchte, ist folgendes: Chris wollte wirklich, wie viele andere gläubige Ehefrauen auch, tun, was die Bibel sagt. Doch wegen der Manipulationen dieses sehr unchristlichen Ehemanns ließ sie sich auf ein »Frieden-um-jeden-Preis-Spiel« ein.

Soll ich es noch einmal sagen? Dies ist keine Unterordnung; es ist auch kein Verhalten als Ehemann in der Demut Christi. Kurz gesagt, wenn Sie Unterordnung einfordern, erzwingen oder vortäuschen müssen, dann wissen Sie nicht, was dieses Wort in Wirklichkeit bedeutet.

Schlußfolgerung: Nichts von all dem funktioniert

Diese verschiedenen, nicht selten mühevollen Lösungsversuche können nicht funktionieren, weil kein Mann und keine Frau die Möglichkeit hat, dem Partner Leben und Wertgefühl zu geben. Eheleute sind von Gott nicht dazu geschaffen worden, ihre Partner zu verändern. Jesus allein hat die Macht, jedem von uns Leben und das Gefühl des Wertes zu geben.

Klingt das nicht alles recht theologisch? Ja, das stimmt, doch das führt uns auch zu den Gründen, warum die Beziehungen, die ich beschrieben habe, auf der praktischen Ebene nicht funktionieren können: Eine Beziehung, in der Vortäuschung gefordert oder erwartet wird, ist eine schlechte Ausgangsbasis für alle Beteiligten.

Können Sie sich noch an eine Situation erinnern, in der jemand etwas Bestimmtes nur getan hat, weil Sie ihn dazu gezwungen haben? War das nicht unbefriedigend? Oder vielleicht waren Sie derjenige, der einem bestimmten Druck nachgegeben hat? In jedem dieser Fälle war Ihr Handeln nur eine Beschwichtigung, ein Kompromiß, und Sie wissen es.

Wenn in einer Beziehung einer nur gewinnt und einer nur verliert, wird sie sich schließlich abnutzen. Die Liebe verschwindet, und die Betroffenen wenden sich verschiedenen Formen der Flucht zu. Das ist eine ernste Angelegenheit – ob die Ehe äußerlich nun intakt bleibt oder in einer Scheidung endet. Dies ist das Thema des folgenden Kapitels.

Kapitel 5

Der Versuch, dem »Fluch« zu entkommen

Was bedeutet Ihnen das Wort »Ehe«? Eine Ehe ist nicht nur ein Vertrag, der von zwei Menschen unterzeichnet wird. Sie ist kein Arrangement. Eine Ehe ist nicht das Ergebnis eines Momentes, in dem sich zwei Menschen festlich anziehen und sich vor einer Menschenmenge bestimmte Versprechen geben.

Eine Ehe im eigentlichen Sinn des Wortes ist etwas Lebendiges – und manchmal verlieren Lebewesen an Kraft, weil sie nicht richtig ernährt wurden.

Aus den verschiedensten Gründen beschließen Ehepaare, eine Eheberatung aufzusuchen. Ich wende unterschiedliche Methoden an, um ihnen zu helfen. Der einzelne Ehepartner kann dabei die unterschiedlichsten Einsichten in seine Eheprobleme gewinnen. Doch eine Sache zieht sich durch alle Beratungen hindurch und das ist meine feste Überzeugung: Diese Ehe kann zu neuem Leben erweckt werden.

Trotzdem wenden sich viele Ehepartner voneinander ab, weil sie den Eindruck haben, sie könnten anders nicht überleben. Die meisten dieser Menschen sind aufgrund ihres eigenen, ergebnislosen Bemühens ausgelaugt, und damit ist die Hoffnungslosigkeit ihrer Lage für sie festgelegt.

Wenn ein Ehepartner geht

Manchmal ist es offensichtlich, daß keine der im vorhergehenden Kapitel erwähnten Lösungen die eheliche Beziehung kitten kann. Einige Leute entscheiden sich dann für eine vierte Lösung: Sie geben auf. Für manche ist dies eine innere Angelegenheit, andere jedoch packen ihre Sachen und ziehen aus. Ein Mensch kann sich von einer Ehe abwenden und niemals finden, was er in dieser Beziehung gesucht hat. Wir Christen lehnen die Scheidung ab, doch ich möchte mich hier mit dem beschäftigen, was innerlich vor und nach einer Scheidung passiert.

Das »Wesen« einer Scheidung

Stellen Sie sich vor, der Tag kommt, an dem Sie wirklich alles versucht haben und alle Ihre Bemühungen umsonst gewesen sind. Ihr Versuch, das Problem zu ignorieren, überbrückte nicht mehr länger die Kluft, die sich zwischen Ihnen und Ihrem Ehepartner aufgetan hat. Sowohl Sie als auch Ihr Partner fühlen sich vollkommen erschöpft – Ergebnis der erfolglosen Versuche, den anderen zu ändern. Sie beschließen, sich zu trennen oder scheiden zu lassen.

Wenn dies passiert, dann wird die Beziehung nur so zerbrochen und ungesund dargestellt, wie sie in Wirklichkeit gewesen ist. Tatsache ist, daß irgendwo im Laufe der Jahre die Beziehung gestorben ist, und Sie haben es nicht geschafft, sie aus eigener Kraft wiederzubeleben.

Als Folge davon können Sie eine andere Botschaft in Ihrem Inneren vernehmen: Schäme dich! Tatsächlich ist Beschämung – als Konsequenz Ihres Versagens, das Sie die ganze Zeit zu überspielen versucht haben – die unsichtbare Kraft, die Sie in Ihrer Ehe immer wieder angetrieben hat. Sie empfanden ein Gefühl der Blamage, und nun haben Sie den »Beweis«, daß Sie ein Versager sind, und Ihre Freunde werden diese gefürchtete Botschaft noch verstärken. Für die Zuschauer ist der endgültige Bruch ein ziemlicher Schock. In ihren Augen schien alles in Ordnung gewesen zu sein. Ihre Reaktionen sind unterschiedlich:

»Wie konnte das passieren? Er war doch im Kirchenvorstand!«

»Hat sie nicht die Frauenarbeit in ihrer Gemeinde geleitet?«

»Hat er nicht immer davon gesprochen, in die Mission zu gehen?«

»Ich kann mich nicht erinnern, daß sie einmal nicht zusammen waren.«

Die Reaktionen dokumentieren die Tatsache, daß es gläubigen Ehepartnern häufig wichtiger ist, ihre Ehe gesund erscheinen zu lassen als dafür zu sorgen, daß sie wirklich gesund ist. Um eine gesunde Beziehung zu bekommen, muß man auch uneinig sein können, man muß daran arbeiten und eine wirkliche »Einheit im Fleisch« leben, in der sich beide Parteien gesund entfalten können.

»Wenn wir es nicht dokumentieren, wird Gott es nicht wissen«

Ich bin davon überzeugt, daß Gott Scheidung und den Schaden, den sie anrichtet, haßt. Ich bin auch davon überzeugt, daß er genauso die beschämenden, zerbrochenen Beziehungen haßt, die sich häufig hinter den Fassaden christlicher Ehen verbergen, und zwar wegen des Schadens, den sie im Leben eines oder beider Partner anrichten, ganz zu schweigen von all dem, was durch sie den Kindern zugefügt wird.

Zwei seltsame und beunruhigende Phänomene sind mir in christlichen Ehen aufgefallen. Zuerst einmal sind viele Christen der Meinung, Gott gefiele eine schlechte Beziehung immer noch besser als eine Scheidung: Mit anderen Worten, eine schmerzerfüllte, »un-heile« Ehe sei Gott angenehmer als eine Scheidung. Zweitens sind viele von ihnen der Meinung, solange ihre zerbrochene Beziehung noch auf dem Papier bestünde, wüßte Gott nicht, daß die Ehe kaputt ist. Viel zu viele Menschen halten an kranken Ehen fest, in denen nichts mehr davon zu finden ist, was Gott als wichtige Kriterien für die Ehe nennt. Und doch ist der Grund für ihr Festhalten an der Ehe, daß die Bibel die Scheidung verbietet. Und sie sagen: »Wir wollen nur tun, was Gott wohlgefällig ist.« Darum halten sie weitere sechs Monate, ein weiteres Jahr, zehn Jahre, ja sogar fünfzig Jahre an einer leidvollen, auseinandergebrochenen Ehe fest. Dann beglückwünschen sie sich dazu, daß sie sich an das gehalten haben, was Gott in bezug auf die Ehe gesagt hat, obwohl in ihrer Ehe von Gottes ursprünglichem Plan nichts mehr zu finden ist. Und sie dachten die ganze Zeit, Gott würde die Wahrheit nicht sehen, weil sie keine Scheidungsurkunde vom Gericht bekommen haben.

Dies ist eine gewagte Aussage, ich weiß es – doch für zu viele Christen ist »verheiratet sein« gleichbedeutend geworden mit »nicht geschieden sein«. Sie denken, solange ihre Ehe noch auf dem Papier besteht, würde Gott nicht erkennen, wie kaputt sie in Wirklichkeit schon ist. Als ob Gott sich an den Buchstaben des Gesetzes hielte und nicht in der Lage wäre, den wirklichen Geist einer Ehe zu erkennen.

Verstehen Sie mich nicht falsch. Beides ist schlecht: eine heruntergekommene Ehe genauso wie eine Scheidung. Beides sind kranke Alternativen. Und doch scheinen viele Christen der Meinung zu sein, an einer innerlich zerbrochenen Ehe festzuhalten sei besser als eine Scheidung. Darum sind sie bereit, sich auf eine schlechte Imitation dessen einzulassen, was Gott wirklich haben will. Christen ziehen schlechte Ehen einer Scheidung vor. Ich glaube, daß Gott beides nicht gefällt.

Bleiben und doch gehen

Die Leute, die schlechte Ehen einer Scheidung vorziehen und versuchen, Gott zu beeindrucken, indem sie am Buchstaben des Gesetzes festhalten, stehen vor einem Dilemma. Da sie nach außen hin so erscheinen müssen, als lebten sie in Übereinstimmung mit dem geschriebenen Wort, müssen sie einen Weg finden, an der Beziehung festzuhalten. Doch die Beziehung bereitet nichts als Schmerzen, klagt ständig an und laugt den einzelnen seelisch und körperlich aus. Darum müssen sie einen Weg finden, sich abzusetzen und trotzdem zu bleiben. Das ist vielleicht die ermüdendste aller Alternativen. Ich möchte gern erklären, was ich meine.

Lee erkennt, daß sie Jerry nicht ändern kann, daß er ihren Erwartungen niemals entsprechen wird. Lee weiß auch um ihre Unfähigkeit, sich selbst so stark zu verändern, daß sie Jerrys massiv geäußerten Erwartungen entsprechen könnte. Die Beziehung erinnert sie ständig an die Leere, ihre Unzulänglichkeit und Beschämung. Weil sie Christen sind, haben Lee und Jerry beschlossen, sich niemals scheiden zu lassen.

Lee arbeitet in einer Firma, ist hochangesehen an ihrem Arbeitsplatz und wird gut bezahlt. Bei ihren Klienten findet Lee Bestätigung; sie wird durch Schecks und Gratifikationen belohnt – greifbare Beweise, daß sie in jeder Hinsicht fähig und kompetent ist. Zu Hause jedoch wird sie ständig an ihre Unzulänglichkeit und Inkompetenz als Partnerin erinnert.

Es ist sehr viel leichter und weniger schmerzlich für einen Menschen, acht bis zehn Stunden pro Tag in einem Umfeld zu verbringen, in dem er Bestätigung findet. Wenn einer der beiden Partner Erfüllung außerhalb der Beziehung sucht, sieht das etwa folgendermaßen aus:

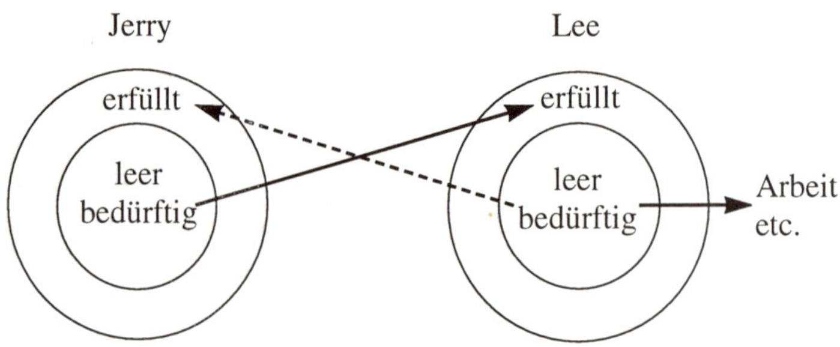

In diesem Fall steht die gestrichelte Linie für Lees Entscheidung, sich von Jerrys Verhalten, der Quelle, aus der sie früher ihr Wertgefühl bezog, abzuwenden. Sie sucht nun ihre Selbstbestätigung in ihrer Arbeit.

In Wahrheit handelt Lee »ehebrecherisch« in ihrer Beziehung zu Jerry. Sie tut dies durch ihre Einstellung zu ihrer Arbeit, die letztlich eine Art gesellschaftlich akzeptierter Form von ehelicher Untreue ist. Das muß ich näher erläutern: Nicht jede Frau, die arbeitet, begeht »geistlichen Ehebruch« oder beraubt ihren Mann und ihre Familie. Männer flüchten sich viel häufiger in ihre Arbeit, um den Problemen zu Hause zu entfliehen und die Selbstbestätigung zu bekommen, die nur ein schlechter Ersatz ist für wirkliches Leben und Selbstwertgefühl, das nur Christus einem Menschen schenken kann.

Es gibt viele Möglichkeiten ehelicher Untreue, ohne einen sexuellen Ehebruch zu begehen. Manche Menschen flüchten sich vor das Fernsehgerät – für viele eine Alternative, die weit weniger schmerzhaft ist als der Versuch, eine Beziehung zu unterhalten, in der sie sich niemals gut genug fühlen. Andere flüchten sich ins Geldverdienen: Für sie ist das große Bankkonto ein sichtbarer – wenn auch falscher – Beweis ihres persönlichen Wertes und lindert den Schmerz einer Ehe, die nicht gut genug ist. Ich habe Klienten gehabt, die viel Geld verdienen und deren dritte Ehe auf der Kippe steht. Und wenn auch diese Ehe eines Tages in die Brüche geht, werden sie wieder vollkommen überrascht sein. Warum können sie – da sie ja so in ihrer Arbeit aufgehen und dabei auch noch erfolgreich sind –, nicht auch als Ehepartner erfolgreich sein?

Die Geschichte von Mike und Dora

Die Kämpfe von Mike und Dora zu Beginn ihrer Ehe vermitteln uns einen Einblick in diese Dynamik. Sie dienen auch als Mahnung, daß der Lösungsversuch, zu bleiben und trotzdem zu gehen, auch durch Dinge angestoßen werden kann, die noch viel bedeutungsloser sind als Geld oder Arbeit.

Mike wuchs in einem ländlichen Gebiet in Michigan auf. Sein Vater hatte ihm verschiedene Lebensmuster tief eingeprägt. Das eine war die Liebe zum Jagen und Fischen und zu vielen anderen Aktivitäten draußen an der frischen Luft. Im Herbst ging Mike fast jeden Tag nach der Schule allein oder mit seinem Vater auf die Jagd. Im Frühling war es das Fischen. Der Aufenthalt in der frischen Luft war für ihn Erholung, doch dort konnte er auch über Gottes kreatives Genie staunen. Ja, diese Aktivitäten im Freien hatten viele positive und gesunde Aspekte, doch es war für Mikes Vater auch ein Weg, sich vor den spannungsreichen Aspekten seines Lebens zu drücken. Unbewußt vermittelte er Mike: Wenn einem Mann alles zuviel wird, geht er zum Fischen.

Auch wurde Mike beigebracht, es sei seine Aufgabe, dafür zu sorgen, daß alle zufrieden waren. Sein Vater förderte dies unbewußt durch seine unkontrollierten Wutausbrüche, für die er niemals die Verantwortung übernahm. Da war es oft vor allem Mikes Aufgabe, den Wutausbruch zu verhindern, und wenn es doch dazu kam, so war es immer sein Fehler.

Oberflächlich gesehen schien Doras Familie sehr viel liebevoller zu sein als Mikes. Doch ihr Vater vermittelte ihr den Eindruck, als sei er nicht im mindesten an ihr interessiert. Nicht, daß er sein Desinteresse geäußert hätte – doch durch sein passives und interesseloses Verhalten versäumte er es, ihr Liebe und das Gefühl des Angenommenseins zu vermitteln. Doras Mutter verhielt sich so, als seien Männer wichtiger als Frauen, und sie machte es sich zur Aufgabe, dafür zu sorgen, daß Doras Vater zufrieden war – auch wenn das bedeutete, ihr eigenes Leben aufzugeben. Dora lernte, Abwesenheit als »Nicht-akzeptiert-sein« zu interpretieren und »fortgehen« mit »verlassen« gleichzusetzen. Sie lernte auch, daß das, was Männer dachten oder wollten, vor allem anderen Vorrang hatte.

Dora und Mike begannen ihre Ehe also mit einer Regel, die besagte: »Gute, wertvolle, christliche Eheleute, die man akzeptieren kann, erfüllen alle Bedürfnisse ihres Partners«. Ihre Beziehung war gekennzeichnet durch das Bemühen, ihren eigenen Erwartungen und denen des Partners gerecht zu werden. Das traf auch auf das Fischen zu. Lesen Sie sich den folgenden Dialog durch, der repräsentativ für das steht, was Mike zu erwarten hatte, wenn er zum Fischen gehen wollte:

Mike: »Ich möchte nächstes Wochenende zum Fischen gehen.«
Dora: »Schon wieder? Immer gehst du fischen.« [Das stimmte nicht.]
Mike: »Das stimmt nicht! Ich gehe ganz selten zum Fischen.« [Das stimmte auch nicht.] Außerdem fahre ich mit einem Jungen der Jugendgruppe und dessen Vater.« [Wer hat schon gegen einen offensichtlich »seelsorgerlichen Dienst« etwas einzuwenden?]
Dora: »Du bist viel lieber mit ihnen zusammen als mit mir.«
Mike: »Das stimmt nicht. [Obwohl sich diese Szene dauernd wiederholte, kam es immer wieder zu solchen Konfrontationen.] Es ist nur, daß ich wirklich gern fischen gehe.«

Wir wollen uns ein wenig mit dieser Szene beschäftigen: Das Fischen war für Mike eine Erholung; Dora konnte ihm diese Erholung nicht geben und brauchte das auch gar nicht. Doch Dora war der Meinung, gute christliche Ehemänner und -frauen müßten alle Bedürfnisse ihrer Partnerin oder ihres Partners erfüllen. Darum interpretierte sie Mikes Liebe zum Fischen als einen Mangel an Liebe zu ihr. Sie fühlte sich auch als Ehefrau angegriffen, weil Mike – wenn sie die Ehefrau wäre, die sie sein sollte – nicht den Wunsch verspüren würde, zum Fischen zu gehen. Denn dann würden alle seine Bedürfnisse zu Hause erfüllt.

Mike seinerseits fühlte sich schuldig, weil er wußte, wie traurig Dora war. Wenn er zu Hause blieb, würde er traurig und wütend sein, weil er wirklich lieber draußen in dem Ruderboot säße. Ihm war klar, daß Dora auch dann nicht zufrieden wäre und ihn auch beim nächsten Mal zu Hause halten würde. Und wenn Mike tatsächlich zu Hause blieb, würde Dora Schuldgefühle haben! Für beide gab es keinen Weg zu gewinnen. Darum dachte Mike: Wenn wir beide uns sowieso schlecht fühlen, dann kann ich genauso gut fischen gehen.

Sollte also ein Partner in einer Beziehung ständig weg sein, weil er seine eigenen Wege geht, etwa zum Fischen (oder Fernsehen oder was auch immer), anstatt mit seinem Partner zusammen zu sein? Natürlich nicht. Doch die Partner sollten sich andererseits nicht darüber ärgern, wenn der andere einer Beschäftigung nachgeht, die ihm wichtig ist. Worum es in unserem Beispiel geht, ist nicht: Fischen gehen kontra zu Hause bleiben. Es geht überhaupt nicht um die äußeren Aktivitäten. Dora hat Erwartungen in Mike und sich selbst gesetzt, die keiner von beiden erfüllen kann. Mikes Art und Weise, mit dem Problem umzugehen, war, einfach davonzulaufen. Dora bestand darum um so stärker auf seinem Zuhausebleiben. Keiner machte sich klar, daß es eine Angelegenheit falscher Erwartungen war. So etwas beraubt jede Partnerschaft ihrer Grundlage.

Falsche Erwartungen zeigen sich in dieser Beziehung auch noch auf andere Weise. Dora war manchmal traurig und versuchte, sich Mike mitzuteilen. Mike war der Meinung, ein guter Ehemann müßte immer wissen, was er sagen sollte, um seiner Frau die Traurigkeit zu nehmen. Darum begann er, große Vorträge zu halten, um Dora aus ihrer traurigen Stimmung zu reißen. Doch sie wurde nur noch trauriger, anstatt sich getröstet zu fühlen. Als Mike erkannte, daß sein Gerede nichts bewirkte, war er frustriert. Dora wiederum beschloß, ihm nichts mehr von ihren Gefühlen zu sagen, um seine Enttäuschung zu kontrollieren. Wenn Dora dann schließlich doch über ihre Traurigkeit sprach, schwieg Mike dazu. Dora jedoch erwartete irgendeine Reaktion und deutete an, daß »gute Ehemänner wüßten, was zu tun sei«, und Mike hatte dann das Gefühl, als könnte er sowieso nichts richtig machen. Keiner bekam die Bestätigung, die er brauchte. Keiner von beiden gab Bestätigung. Im Gegenteil: Diese nach unten gerichtete Spirale endete in großer Erschöpfung auf beiden Seiten.

Eine außereheliche Affäre ist gleichfalls eine Form, sich von einer Beziehung abzuwenden. Wenn ein Mann oder eine Frau eine außereheliche Beziehung eingeht, sind mehrere Faktoren zu berücksichtigen. Zuerst einmal fühlt sich niemand zu einem »leer-wirkenden Partnerersatz« hingezogen. Darum wird diese neue Liebe zunächst anziehend und erfüllend aussehen. Erfüllend bedeutet hier einfach nur, daß er oder sie andere Charakteristika und Verhaltensweisen hat als der Partner, der verlassen wurde. Zweitens, ein Mensch, der einen anderen deswegen verläßt, lebt noch in der Illusion, ein Mensch könnte in einem anderen Erfüllung finden. Er hat beschlossen, einen falschen Gott, der nicht in der Lage gewesen ist, ihm Erfüllung zu schenken, gegen einen anderen auszutauschen, der vielversprechender wirkt. Wenn einem Christen klar wird, daß seine Beziehung kurz vor dem Zerbrechen steht und er sich an einen Eheberater wendet, bekommt er häufig gesagt, er solle an seiner Ehe festhalten und sich noch mehr Mühe geben. Doch wenn die inneren, geistlichen Denkstrukturen (falsches Ideal) nicht angesprochen wurden, wird das Paar an diesen Mustern auch in zukünftigen Beziehungen festhalten, sei es nun in dieser Ehe – oder einer zweiten oder sogar dritten.

Es gibt eine akzeptierte Form des Ehebruchs

Sicher ist ein außereheliches Verhältnis die unannehmbarste Form von Ehebruch. Eine durch die Arbeit bedingte Abwesenheit vom Ehepartner kann zu einer Art von Ehebruch werden, die oft allgemein akzeptiert wird. Doch ich habe die traurigen Auswirkungen dieser annehmbareren Form der ehelichen Untreue gesehen. Wenn zum Beispiel Arbeit in der Gemeinde als Vorwand dient, sich der schmerzlichen Auseinandersetzung mit der eigenen Beziehungsmisere nicht stellen zu müssen. Menschen, die sich in der Gemeindearbeit engagieren, wirken nach außen besonders »heilig« und hingebungsvoll.

Paul leitet eine Bibelstunde und findet dort Bestätigung seiner Erkenntnisse und Weisheit. Er besucht Menschen im Krankenhaus, die dankbar sind für den Besuch und vor anderen seine liebevolle Anteilnahme loben. Vielen Leuten in seiner Gemeinde ist er ein Vorbild für selbstlosen Dienst an anderen – auf Kosten seiner Familie. Seine Frau Sherry empfindet ganz anders. Doch wie kann sie Einwände erheben, ohne sich schuldig zu fühlen? Gott freut sich über Paul, weil er so aktiv ist. Und es fällt Paul so leicht, Sherrys anklagenden Kommentaren aus dem Weg zu gehen und die positiven Komplimente zu suchen, die er in der Gemeinde bekommt.

Diejenigen, die versuchen, die Schwierigkeiten anzusprechen, werden häufig als ungeistlich abgestempelt oder als Menschen, denen egal ist, was Gott will. Zahllose Ehefrauen von Studenten einer Bibelschule oder eines

Theologischen Seminars kommen zu Eheberatern, weil sie das Gefühl haben, daß ihre eheliche Beziehung dem christlichen Dienst zum Opfer fällt. Wenn sie zu Hause manches in Frage stellen, werden sie von ihrem Mann, dem Professor, dem Pastor oder sogar dem Leiter des Seminars zurechtgewiesen, daß ihnen die »Arbeit für das Reich Gottes« nicht am Herzen liege.

Doch eigentlich versuchen diese Frauen häufig nichts anderes, als auf eine religiös getarnte und daher akzeptierte Form des Ehebruchs aufmerksam zu machen.

Die schlimmste Art von Götzenverehrung

Ich habe bereits mehrere Formen des Ehebruchs angeführt. Sie alle sind ein Ergebnis von falschen Vorstellungen – d. h. sie spiegeln den Versuch wider, Bedürfnisse mit menschlicher anstatt mit der Hilfe Gottes zu erfüllen, der allein die Quelle ist. Es gibt jedoch noch ein anderes falsches Ideal, das durch den Versuch eines Paares geschaffen wird, durch einen Menschen das Gefühl des Wertes und der Bedeutung zu bekommen. Eines Tages sehen die Eltern ihr kleines »leeres« Neugeborenes an und beginnen damit, sich auf das Verhalten dieses Kindes als Quelle ihres Selbstwertgefühls und ihrer Bedeutung zu verlassen. Das sieht etwa folgendermaßen aus:

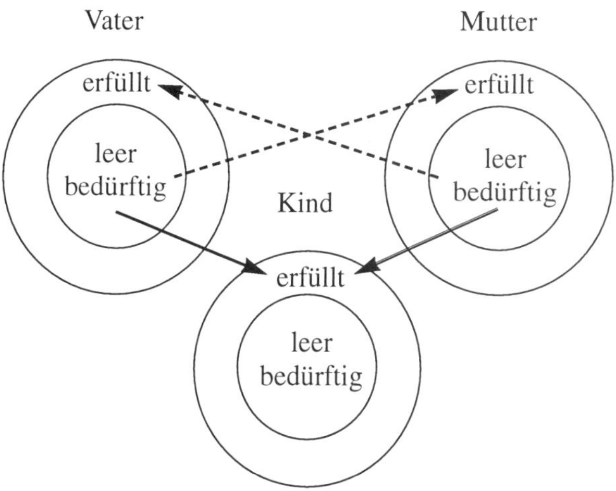

In einem solchen Umfeld wird Kindern das Gefühl vermittelt, ihr Lebenssinn sei es, ihre Eltern zu erfüllen – eine Aufgabe, die ihnen nicht zusteht und in der sie nur versagen können. Und jetzt ist mehr als nur eine eheliche Beziehung beeinträchtigt und infiziert. Der »Fluch« ist von einer Generation an die nächste weitergegeben worden.

Nicht nur erschöpfte Ehepartner sind die Produkte »fluchvoller« Beziehungen. Im folgenden Kapitel werden wir uns mit Eltern-Kind-Beziehungen beschäftigen, in denen der »Fluch« wirksam ist, und mit den erschöpften Kindern, die dadurch geprägt werden.

Kapitel 6

Den »Fluch« weitergeben

Als unsere Mädchen gerade geboren waren, ließen Holly und ich schon beim kleinsten Schluchzen alles stehen und liegen. Das leiseste Wimmern konnte uns mitten in der Nacht aus einem tiefen Schlaf reißen. (Ehrlicherweise muß ich gestehen, daß meistens Holly aufgestanden ist.) Wir lernten schnell: Babys sind vom Stamme »Nimm«. Sie schreien, fuchteln mit den Armen, strampeln mit den Beinen, und schon bringen ihnen die Erwachsenen alles, was sie wollen. So sollte es in dieser Phase ihres Lebens auch sein.

Doch die kleinen Babys werden zu Heranwachsenden und schließlich zu Erwachsenen. Wenn sie dann immer noch schreien und mit den Armen fuchteln, damit die Menschen ihnen Zuwendung geben, ist irgend etwas schiefgelaufen. Und wenn sie selbst Mutter oder Vater werden und ihre Familienmitglieder auf Zehenspitzen herumschleichen, um ihren Wutausbrüchen aus dem Weg zu gehen, so ist irgend etwas zwischen Babyzeit und Elternschaft danebengegangen.

In einer gesunden Familie wissen Eltern, daß sie eine Umgebung und Beziehungen schaffen sollten, in denen die Bedürfnisse des Kindes erfüllt werden können. Sie bringen den Kindern bei, daß Jesus die Quelle ihres Lebens, ihres Selbstwertgefühls und ihres Lebenssinns ist. Regeln sind da, um die Kinder zu schützen und ihnen einen Rahmen zu geben, in dem sie lernen können. In einer Familie, in der der »Fluch« regiert, wird von den Kindern erwartet, die Bedürfnisse der Eltern zu erfüllen. Regeln sind dazu da, zu kontrollieren und alles im Griff zu haben. Wenn die Kinder dann so sind, wie die Eltern sie haben wollen, sind die Eltern zufrieden.

Es ist in Ordnung, Bedürfnisse zu haben

Um die verheerenden Auswirkungen auf Kinder in einer Familie zu verstehen, die vom »Fluch« regiert wird, müssen wir da ansetzen, wo wir im vorhergehenden Kapitel aufgehört haben. Wir haben gesehen, daß Eltern manchmal versuchten, ihre eigene Leere und Armut durch ihre Kinder auszufüllen.

Kleine Babys wissen nicht, daß sie geliebt und akzeptiert sind; sie müssen das lernen. Sie wissen nicht, daß sie wertvoll sind; sie müssen das erfahren. Sie sind nicht lebenstüchtig; sie brauchen einen sicheren Ort, an dem sie lernen können zu leben. Und sie wissen nicht, daß sie nicht allein sind. Wenn Sie als Eltern nicht zugegen sind, fühlen sie sich allein. Sie sind wirklich in jeder Hinsicht ganz und gar hilfsbedürftig.

Diese kleinen Menschen sind auch sehr verletzlich. Sie können allen möglichen Gefahren um sie herum zum Opfer fallen. Sie können beherrscht werden. Diese Kleinen müssen also in einen Prozeß eintreten, in dem sie ein starkes Bewußtsein aufbauen für das, was sie sind. Sie müssen wachsen in Stärke, Weisheit und dem Gefühl des Erfülltseins, damit sie nicht mehr so verletzlich sind. Doch in Familien, in denen der »Fluch« regiert, haben Weisheit, Erfülltsein und Identität keinen Platz. Wichtig ist nur der äußere Schein. Stärke wird definiert durch positives Verhalten. »Heil« sein wird nur an Verhaltensweisen gemessen. Ob Gott sie liebt, hängt davon ab, wie gut sie seinem Wort gehorchen.

Gesund handeln

In solchen Familien sind Liebe und Annahme Belohnung für ein bestimmtes Verhalten. Man schätzt jedes Familienmitglied, vor allem die Kinder, aufgrund eines bestimmten Verhaltens und nicht dafür, was sie sind. Kinder wachsen mit einem großen Bedarf an allem Möglichen auf. Um persönliche Anerkennung zu erringen, die ihnen nie wirklich zuteil wird, lernen sie, sich gut zu verhalten. Gutes Verhalten richtet sich nach dem, was die Menschen, die in der Familie das Sagen haben, für positiv halten. Daher können sich Erwachsene einreden, ihre Kinder seien geistlich stark und menschlich reif, während sich diese in Wirklichkeit einfach nur so verhalten, um ihren Leuten zu Hause zu gefallen.

Von Zeit zu Zeit werde ich gebeten, in Schulen über Drogen- und Alkoholmißbrauch zu sprechen. Der folgende Satz ruft eigentlich immer Widerspruch hervor: »Die Tatsache, daß es Ihnen gelungen ist, Ihr Kind von Drogen abzubringen, bedeutet noch lange nicht, daß alles mit Ihrem Kind in Ordnung ist.« Eltern merken auf. Sie sind schockiert, verärgert, verwirrt. Einigen von ihnen ist nie in den Sinn gekommen, daß auch ein kranker Mensch positiv handeln kann. Nettes, positives Verhalten wird automatisch gleichgesetzt mit gesunder Entwicklung.

Leicht verletzbare Menschen werden ausgenutzt

Ich möchte gern ein Experiment machen. Wir werden mit einem Menschen beginnen, der nach außen gesund wirkt, innerlich aber leer und sehr verletzlich ist. Wir wollen sehen, was passiert, wenn wir ihn seines äußeren Scheins berauben und ihn in ein anderes Umfeld setzen. Wir wollen diesen Jungen David nennen. Das erste Umfeld, in das wir David hineinstellen, wird eine Gruppe von Gleichaltrigen mit negativem Einfluß sein. (In dem religiösen System, in dem ich großgeworden bin, hätte man diese Gruppe »die Welt« genannt.)

Die Pfeile stehen für den Druck der Gleichaltrigen, der auf David ausgeübt wird, damit er sich so verhält, daß er von der Gruppe akzeptiert werden kann. »Nimm Drogen, schlaf mit Mädchen, zerstöre, stiehl, schwänz die Schule, lüg deine Eltern an.«

Mit dieser Erwartungshaltung wird das Angebot der Akzeptanz (verbal oder nicht verbal) gemacht: »Wenn du es so machst wie wir, werden wir dich akzeptieren.« Impliziert ist auch das Versprechen von Bedeutung: »Das wird dich zu einem Mann, einer Frau machen.« Und die Chance, zu einer richtigen Clique zu gehören: »Du stehst draußen. Schließ dich unserer Gruppe an. Du brauchst nicht allein zu sein.«

Wenn David sich davon überzeugen läßt, daß diese negativen Dinge – durch die er sich die Zustimmung der Gruppe erwirbt – seine Situation in Ordnung bringen können, wird er vermutlich wenig dagegen haben, dieses negative Verhalten anzunehmen. Seiner leeren Bedürftigkeit hat sich noch niemand angenommen. David wurde nur bedrängt, sich seiner Umgebung anzupassen. Im Bild würde das etwa so aussehen:

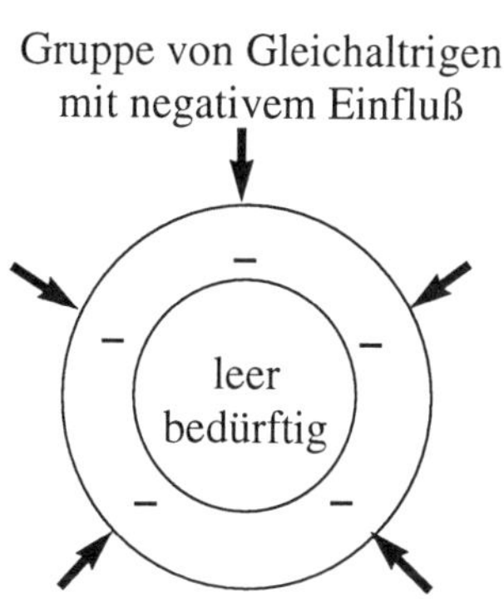

Eines sollte jedoch ganz klar sein: Auch wenn David beschlossen hat, sich negativ zu verhalten, so ist er doch immer noch innerlich leer und wirkt höchstens nach außen hin erfüllt. Negatives Verhalten wirkt in einer negativen Gruppe richtig. Doch Leere bleibt in jeder Gruppe Leere.

Kontrolle durch die Familie, in der der »Fluch« regiert

Ich habe gerade einen jungen Mann beschrieben, der innerlich und äußerlich leer ist. Dieses Kind treibt Eltern, Großeltern, Pastoren und Lehrer zum Wahnsinn: Je verhaltensorientierter sie sind, desto wütender macht er sie. Davids Mangel an positivem Verhalten ist eine schlechte Werbung für jene, die Verhalten mit Gesundheit gleichsetzen. »Was werden die Leute denken?« »Wo haben wir einen Fehler gemacht?« »Es ist nicht unser Fehler – diese Freunde sind es, mit denen er herumhängt.« »Wie kann er uns das antun?« »Was können wir tun, um dem Einhalt zu gebieten?«

Hier reagiert im Normalfall eine Familie, in der der »Fluch« regiert, auf die für sie einzig denkbare Weise: Sie wird versuchen, Davids Verhalten in den Griff zu bekommen, indem sie ihrerseits Druck ausübt.

»Eine weitere negative Verhaltensweise (im Diagramm als Minuszeichen dargestellt), und es wird Konsequenzen geben.«

»Wenn du noch einmal deine Hausaufgaben nicht machst, nehmen wir dich aus dem Fußballteam.«

»Noch einen weiteren Zwischenfall, und wir schicken dich auf eine christliche Schule.«

»Wenn du dich weiterhin so verhältst, wird Gott dich bestrafen.«

Wahrscheinlich wird es so sein, daß David, wenn er auch weiterhin an der falschen Gruppe festhält, so viel Schwierigkeiten bekommt und zu leiden hat, daß er freiwillig sein negatives Verhalten aufgibt. Oder vielleicht bemerkt er eines Tages, daß er sich immer noch nicht geliebt, akzeptiert oder leistungsfähig fühlt. Er ist genauso allein wie früher, bevor er sich dieser Gruppe anschloß. Tatsächlich ist er genau derselbe junge Mann wie zu dem Zeitpunkt, als unsere Geschichte begann: ein leerer, verletzlicher Mensch.

Die »christliche« Art, das Verhalten eines anderen ändern zu wollen

Viele Menschen sehen die Gemeinde oder die christliche Familie als ein Umfeld, dessen Zweck es ist, positiven Druck von Gleichaltrigen auszuüben. Dies ist einfach nur eine Verhaltensmodifikation in einem religiösen Umfeld. Um zu sehen, was dieses Umfeld zu bieten hat, wollen wir David folgen, als er schließlich die Wende vollzieht, für die seine Familie gebetet hat. David schließt sich der Jugendgruppe der Gemeinde an. Immer noch sucht er nach Liebe und dem Gefühl des Angenommenseins.

Gruppe Gleichaltriger mit negativem Einfluß

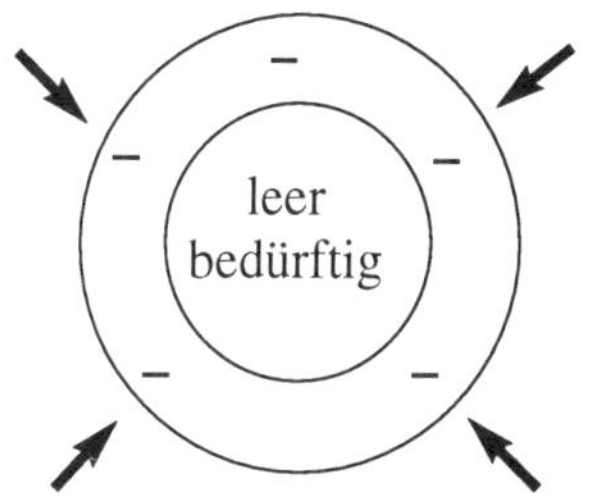

Gruppe Gleichaltriger mit positivem Einfluß

Die Pfeile, die von außen auf David zukommen, stehen nun für den Druck der Gleichaltrigen, sich positiv zu verhalten. »Hör dir keine säkulare Musik an, sondern unsere Musik.« »Lies keine Bücher mit weltlichem Inhalt, sondern unsere.« »Sprich nicht wie sie, sondern wie wir.« »Zieh dich nicht wie sie an, sondern wie wir.« »Geh nicht hin, wo sie hingehen, sondern geh mit uns.« Wieder einmal wird ihm Liebe, das Gefühl des Wertes und Angenommenseins in der Gruppe versprochen.

Wenn David der Meinung ist, daß diese positive Verhaltensweise die Macht hat, seine inneren Bedürfnisse zu erfüllen, wird er sich den Ansprüchen anpassen. Und trotzdem hat sich David nicht wirklich geändert. Er hat einfach nur beschlossen, einer anderen Gruppe zu gefallen. Wieder einmal wurde er von außen bedrängt, und darum paßt er sich nun äußerlich seiner Umgebung an. Jetzt sieht das Diagramm folgendermaßen aus:

Gruppe Gleichaltriger mit positivem Einfluß

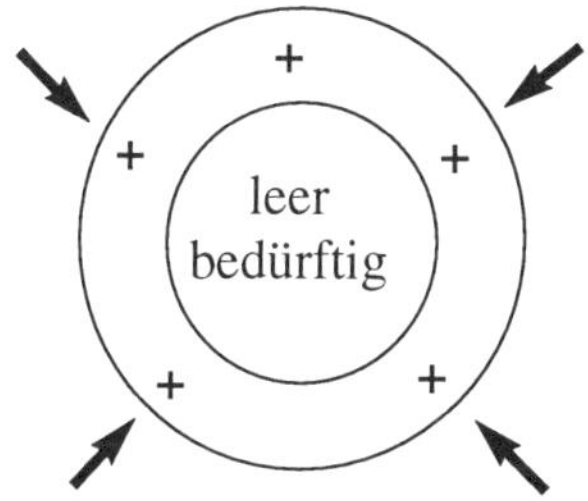

David hat beschlossen, sich positiv zu verhalten. Äußerlich wirkt er erfüllt, innerlich ist er jedoch immer noch leer. Und während positives Verhalten von der positiven Gruppe als »erfüllt« definiert wird, ist und bleibt Leere in jeder Gruppe Leere.

Sicher, Davids Verhalten gefällt seinen Eltern, Großeltern, Lehrern und seinem Pastor. Je verhaltensorientierter sie sind, desto mehr freuen sie sich. Sein positives Verhalten hat ihre Bejahung buchstäblich verdient – obwohl sie schockiert wären, dies so zu sehen. Und sie halten sich nun vielleicht zurück, weil es nicht mehr notwendig ist, so viel Kontrolle auszuüben. Und damit ist David wieder der Kontrolle anderer ausgesetzt, die in seinem Verhalten ihr Glück und ihren Frieden suchen.

Wo ist Gott?

Ironischerweise wird die christliche Familie, deren Verhaltensmuster unter dem »Fluch« stehen, Gott das Ganze zuschreiben. »Preist den Herrn!« sagen sie. »Welch herrliches Werk hat der Herr in Davids Leben getan.« Aber hat Davids Verhaltensänderung wirklich etwas mit dem Werk der inneren Umgestaltung durch den Heiligen Geist zu tun? Oder ist David einfach nur in eine besser aussehende Form von Leere gedrängt worden?

Wenn David sich auch weiterhin so verhält und wenn er ständig Bestätigung findet für sein positives äußeres Verhalten, dann könnte es sehr leicht passieren, daß er die Werte, die sein inneres Erfülltsein ausmachen, vernachlässigt. Dann aber werden seine inneren Ressourcen eines Tages erschöpft sein und er hat nichts mehr, womit er sein eigenes Bemühen nähren könnte. Oder schlimmer noch, vielleicht erschöpfen sich diese Ressourcen gar nicht. Dann würde er das innerste Verlangen des Herzens, wie es ganz für Gott da sein kann, gar nicht mehr spüren.

Ein letzter Blick auf David

Welches sind nun die Ergebnisse unseres Experiments? Auf der einen Seite wirkte David:

- äußerlich leer aufgrund seiner Verhaltensweise;
- innerlich leer und erschöpft, weil äußeres negatives Verhalten innere Bedürfnisse nicht erfüllen kann;

- als ein schlechtes Beispiel für seine Familie oder Gemeinde;
- leicht als ein Mensch zu erkennen, der einfach nicht »heil« ist.

Auf der anderen Seite wirkt David jetzt:

- äußerlich erfüllt aufgrund seiner Verhaltensweise;
- innerlich leer und erschöpft, weil äußeres positives Verhalten innere Bedürfnisse nicht erfüllen kann;
- als ein gutes Beispiel für seine Familie und Gemeinde;
- und schwer als Mensch zu erkennen, der trotz allem nicht »heil« ist.

Ich habe nur eine Frage: Welche Version von David ist Ihrer Meinung nach weniger »unheil«? Darf ich Ihnen vom Standpunkt des Beraters eine kleine Hilfestellung geben? Menschen werden krank, wenn ihr äußeres Verhalten mit ihrem Inneren nicht übereinstimmt. Folglich bedeutet »Heilsein«, auch äußerlich mit dem zu leben, was innerlich vorhanden ist. Wenn Ihre Definition von Gesundheit Integrität, Reife, Verantwortlichkeit, Respekt und geistliche Tiefe beeinhaltet, dann werden Sie zu dem Schluß kommen, daß keine Version von David gesund ist. Die eine sieht nur besser aus als die andere.

Welcher David wird auf lange Sicht schneller erschöpft sein? Ich denke, der »gute« David – der David, der äußerlich erfüllt wirkt und innerlich leer ist. Warum? Weil es viel Anstrengung kostet, immer die richtige Antwort zu geben, auch und gerade, weil sie meistens nicht mit der Wirklichkeit übereinstimmt. Selbst wenn es Ihnen innerlich schlecht geht, müssen Sie sagen, daß es Ihnen gut geht. Wenn Sie jemanden hassen, müssen Sie behaupten, ihn mit christlicher Liebe zu lieben.

Ich kenne keine Eltern, die als Ziel ihrer Erziehung angeben, Kinder zu Menschen heranzubilden, die innerlich und äußerlich leer sind. Als christliche Eltern kann es aber auch nicht unser Ziel sein, unsere Kinder zu Erwachsenen zu erziehen, die zwar »leer« sind, aber gelernt haben, auf andere annehmbarer zu wirken als die Menschen der »Welt«. Wir haben bessere Möglichkeiten.

Im anschließenden zweiten Teil werden wir uns damit beschäftigen, wie man gesunde Beziehungen zwischen Ehepartnern und zwischen Eltern und Kindern schaffen kann, damit erfüllendes Verhalten eine Folge von innerer Erfüllung ist. Wir werden sehen, wie wir die Familie zu einem Umfeld machen können, in dem das Angenommensein von Gott seinen ihm gebührenden Stellenwert hat.

Teil II

Familien, wie sie im »Buche« stehen

EINFÜHRUNG ZU TEIL II

Man braucht kein Soziologe zu sein, um zu sehen, daß die Familien heutzutage in Schwierigkeiten sind. Ehebruch, Scheidung, Depression, Rebellion, Selbstmord von Jugendlichen, Alkoholabhängigkeit, Arbeitsbesessenheit und eine Fülle anderer Phänomene haben epidemische Ausmaße erreicht. Ich glaube, es war Benjamin Franklin, der gesagt hat: »Eine Krankheit kann nicht unter Kontrolle gebracht werden, indem man einfach nur die Opfer behandelt.« Wäre es nicht großartig, wenn wir *verhindern* könnten, daß einige dieser geistlichen Krankheiten Opfer in unseren Familien fordern?

Ist es möglich, eine innerlich gesunde Familie zu schaffen und solche zerstörenden Probleme von ihr fernzuhalten? Können wir Familiendynamiken schaffen, die die Muster durchbrechen, die Schmerz und Sünde immer weiter fortsetzen? Ich denke, die Antwort auf diese Fragen ist ein entschiedenes Ja!

Es ist jedoch nicht meine Absicht, Ihnen die neuste Formel für eine christliche Familie anzubieten. Dieser Teil beschäftigt sich nicht hauptsächlich mit dem »Wie-mache-ich-was«. Es geht um das Herz; es geht um unsere Gelegenheit, die Einstellung zu durchleuchten, mit der wir uns anschicken, heile Familienbeziehungen zu schaffen.

Ich habe diesen Teil mit dem Titel »Familien, wie sie im ›Buche‹ stehen« versehen, weil die Prinzipien, die ich hierin wiedergebe, sich eng an das Wort Gottes halten. Sie bilden einen starken Unterbau für die Arbeit, die Sie Tag für Tag tun. Wenn Sie so wollen, können sie Ihnen als eine Art geistliches Hilfssystem dienen, wenn Sie sich auf neue Wege einlassen, der Gnade und einer stärkeren Befähigung durch Gott in Ihrer Familie mehr Raum zu geben. Ja, ich werde diese Prinzipien anhand persönlicher Erfahrungen illustrieren. Doch mein Gebet ist, daß der Heilige Geist Ihnen beim Lesen Wege klarmachen wird, wie Sie das Gelesene anwenden können. Denn das ist der Kern dessen, was ich vorschlage: Wenn Sie eine enge

Beziehung zu Gott haben, wird er Sie durch seine Gnade führen, ein geistliches Vorbild zu sein und Ihre Kinder richtig anzuleiten, wie sie ein glückliches, freies und fruchtbringendes Leben führen können.

Kapitel 7

Eine wirkliche Ehe

In Kapitel vier habe ich von einem Mann gesprochen, der in einer Beratungssitzung wissen wollte, was Paulus in Epheser, Kapitel 5 meint, als er den Frauen sagt, sie sollten ihren Männern untertan sein. Offensichtlich erwartete er von mir, daß ich ihn in seiner Auslegung des Verses unterstützte – nämlich, daß ihm in allen Dingen das letzte Wort zustand. Er wendete viele Methoden an, um das zu erreichen: Manchmal schrie er seine Frau an, dann wieder schmollte er, manchmal sprach er auch tagelang kein Wort mit ihr, nur um sie dafür zu bestrafen, daß sie ihm nicht zu Willen war. Dieses Mal nahm er die Bibel zu Hilfe.

Ich finde es deprimierend, wenn ein Ehepartner die Bibel anführt, um den anderen zu manipulieren. Noch frustrierender ist es, wenn dieser Ehepartner mich in einer Eheberatungs-Sitzung veranlassen will, ihm dabei auch noch zu helfen. Dieser Mann wollte sich über seine Frau stellen, indem er einen Bibelvers zitierte, und er versuchte, dafür meine Unterstützung zu gewinnen. Wenn ich ihm zugestimmt hätte, wäre ihm der »Sieg« wieder einmal sicher gewesen.

Leider ist dies keine Seltenheit. Wenn ich ein Ehepaar in der Eheberatung habe, so weiß der Mann in der Regel mehr über die Bibelverse, die die Ehefrau betreffen, als über die Stellen, die ihn als Ehemann angehen. Das gleiche gilt für die Ehefrau. Jede Partei wendet eine Vielzahl von Methoden an und verbraucht sehr viel Energie, um den anderen dazu zu bringen, dem Vers zu gehorchen (und kaum Energie, sich über die Verse, die sie selbst betreffen, Gedanken zu machen). Aber genau so wirkt sich der »Fluch« aus.

Unsere Aufgabe als gläubige Ehepartner ist es jedoch nicht, den anderen dazu zu bewegen, sich gut zu verhalten – unsere Aufgabe ist es, Gottes gute Absichten mit uns herauszuspüren und zu erfüllen. In diesem Kapitel werden wir deshalb unseren Blick auf das richten, was die Bibel über Gottes Gedanken zur Ehe sagt.

Die Ehe und Gottes eigentlicher Plan

Die Verse aus dem Epheserbrief, Kapitel 5, Verse 22-23 werden von denen, die sich darum bemühen, Gottes Absichten für die Ehe wirklich zu verstehen, am häufigsten zitiert. Doch um Gottes Gedanken für die Ehe wirklich in ihrer Ganzheit zu erfassen, ist es notwendig, auch die Verse 18-21 hinzuzunehmen. Lange Zeit schienen mir diese Verse irgendwie aus dem Zusammenhang zu fallen. Die Verse 18-21 sprechen davon, mit dem Geist erfüllt zu sein. Es hatte den Anschein, als nähme Paulus mit dem Vers 22 ein vollkommen anderes Thema auf.

Kurz nachdem ich mit meiner Eheberatungstätigkeit angefangen hatte, erkannte ich den Zusammenhang. Paulus begann seine Ausführungen über die Familienbeziehungen mit dem Befehl: »Laßt euch vom Geist erfüllen«. Und der Grund dafür ist, daß der »Fluch« die Beziehungen zwischen Ehemann und Ehefrau, zwischen Eltern und Kindern so tief durchdrungen hat. Bei der Beratung erlebe ich Ehemänner, die müde geworden sind bei dem Versuch, sich von ihren Frauen erfüllen zu lassen und umgekehrt, Eltern, die versucht haben, ihre Lebenserfüllung aus ihren Kindern herauszuholen. Das ist der »Fluch«.

Paulus erinnert die Christen daran, sich an den Heiligen Geist als ihre Quelle der Erfüllung zu wenden. Er sagt ihnen, woher ihre Erfüllung kommen kann – nämlich von Gott.

Darum bin ich zu der Überzeugung gekommen, daß es wichtig ist, aus dem 5. Kapitel des Epheserbriefes die Verse 18-21 zu verstehen, um die richtige Sichtweise für die Lehre über christliche Beziehungen zu bekommen.

Berauscht vom Geist?

Paulus sagt: »Berauscht euch nicht mit Wein – das macht zügellos –, sondern laßt euch vom Geist erfüllen« (Eph 5,18). Der Kontrast zwischen »berauschen« und »erfüllen« ist sehr bedeutsam. Wir wollen uns einmal ansehen, was Paulus nicht sagt. »Erfüllen« beschreibt hier keine Quantität. Paulus spricht nicht davon, wieviel Geist wir haben. Er sagt nicht: »Ihr seid nur halbvoll (wie ein Glas Wasser), und ihr müßt ganz gefüllt sein.« Im Römerbrief schreibt er, daß der Geist, wenn ein Mensch zu Jesus gehört, ihn ganz ausfüllt (Röm 8,9). Er sagt nicht: »Wißt ihr noch, wie ihr euch mit Wein betrunken habt? Nun, berauscht euch nicht mehr am Wein, sondern am Geist.«

Leider gibt es nur zu viele Menschen, die genau das tun. Sie sind so »geisterfüllt«, daß sie sich wie Betrunkene verhalten. Sie sehen nicht, hören nicht, empfinden nicht und können sich auch nicht in den Schmerz und die Kämpfe eines anderen hineinversetzen. Sie sind gefühllos. »Mit dem Geist erfüllt sein« zeigt sich in neuen Augen, die mehr sehen, neuen Ohren, die mehr hören, einem neuen Herzen, in dem auch Raum für andere ist, und einer neuen Kraftquelle, durch die wir stark genug werden, den Schmerz anderer mitzuempfinden.

Mit dem Geist erfüllt sein!

Das griechische Wort πληρομα *pleroma,* »erfüllt«, hat mehrere Bedeutungen, die hier zutreffen. Zuerst einmal kann es »durchdrungen« bedeuten, wie z. B. ein Glas Wasser von einer Brausetablette durchdrungen wird, sobald man sie hineinfallen läßt. Es gibt keinen Teil des Wassers, der nicht von der Brausetablette »durchdrungen« würde.

Pleroma ist auch das Wort, das man gebrauchen würde, um ein Segel zu beschreiben, wenn es vom Wind gebläht ist. Ein geblähtes Segel treibt ein Segelschiff voran. (Hier kommt das zum Tragen, was ich in der Schule im Physikunterricht gelernt habe.) Es ist nicht der Wind im Segel, der das Schiff vorantreibt – das Boot wird also nicht von hinten getrieben. Tatsächlich schafft der Wind einen negativen Druck – eine Art Vakuum – vor dem Segel. Dieses Vakuum ist die Kraft, die das Schiff nach vorne zieht. »Mit dem Geist erfüllt sein« bedeutet also nicht, im Leben als Christ angetrieben zu werden, als wäre der Heilige Geist ein starker Sturm hinter uns. Es bedeutet vielmehr, vom Heiligen Geist, der vor uns ist und unseren Blick auf Gott richtet, in ein Leben gezogen zu werden, das von Gottes Geist bestimmt wird. Kein Wunder, Gott kennt sich auch in der Physik aus.

Wir können noch mehr über die Bedeutung des Wortes erfahren, wenn wir uns seine griechische Form ansehen. »Laßt euch erfüllen« steht im Präsens Passiv, in der Imperativ-Form. Jeder dieser Aspekte bereichert die Bedeutung.

Ein Imperativ ist ein Befehl. Der Befehlende nimmt an, daß Sie die Macht haben, aus eigener Kraft etwas auszuführen. Doch dieser Befehl wird im Passiv gegeben, was bedeutet, daß es nicht etwas ist, das Sie tun können, sondern das an Ihnen oder für Sie getan werden muß. Paulus schrieb nicht: »Füllt euch«, was ein aktiver Imperativ wäre. Er schrieb vielmehr: »Laßt zu, gefüllt zu werden«; er verwendete also einen passiven Imperativ. Das Präsens in diesem Satz sagt aus: »Laßt es zu, unablässig mit dem Geist erfüllt zu werden.« Es ist nicht etwas, das Sie tun sollten oder können. Es ist etwas, daß Sie zulassen sollen und können, wann immer es »dran« ist. Ich habe viele Bemerkungen gehört wie: »Mein Mann (Kind/Pastor/meine Frau) ist ein geisterfüllter Gläubiger.« Im Licht dessen, was wir gerade gesehen haben, gibt es keinen geisterfüllten Gläubigen. Wenn wir uns an Gottes Wort halten, ist es korrekter zu sagen, daß es einfach Gläubige gibt, die es zulassen, sich jetzt ... und jetzt ... und jetzt ... mit dem Geist erfüllen zu lassen.

Darum sieht es so aus, als weise Paulus die Christen an, diesen Kampf aufzunehmen, der das Wesen des Lebens als Christ ist: »Bezieht euer Leben von Gott. Bleibt in einer von ihm abhängigen Beziehung, um eure Bedürfnisse zu erfüllen. Tut es.« Wenn Adam und Eva dies getan hätten, wäre diese ganze Erörterung überflüssig.

Den »Fluch« umkehren

Wenn wir uns darauf verlassen, daß Gott unsere Bedürfnisse erfüllt, dann hat das Auswirkungen auf alle unsere anderen Beziehungen. »Laßt in eurer Mitte Psalmen, Hymnen und Lieder erklingen, wie der Geist sie eingibt. Singt und jubelt aus vollem Herzen zum Lob des Herrn! Sagt Gott, dem Vater, jederzeit Dank für alles im Namen Jesu Christi, unseres Herrn! Einer ordne sich dem andern unter in der gemeinsamen Ehrfurcht vor Christus« (V. 19-21).

Die Auswirkungen des Erfülltseins mit dem Heiligen Geist kehren die Auswirkungen des »Fluchs« auf Beziehungen buchstäblich um. Wir wollen uns noch einmal das Diagramm der Beziehungen ansehen, in denen der »Fluch« wirksam ist:

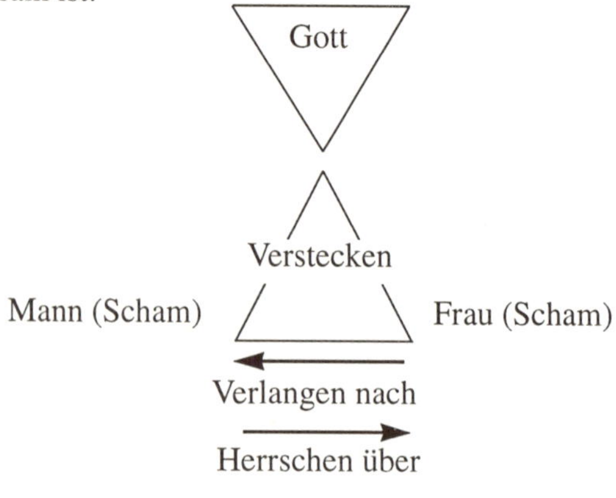

Sehen wir uns nun an, welchen Unterschied es macht, wenn wir auch in unseren Beziehungen die Kraft des Heiligen Geistes wirken lassen:

	Der »Fluch«	**Die Absicht Gottes**
mit anderen	Beschuldigen Verlangen nach (Frau nach dem Mann) Herrschen über (Mann über Frau)	Psalmen, Hymnen und geistliche Lieder (V. 19) Einander untertan (V. 21)
in uns	Schuldgefühle	Ein Lied in unserem Herzen (V. 19)
mit Gott	Furcht und Verstecken vor Gott	Gott danksagen (V. 19 und 20)

An dieser Stelle möchte ich dem Vers: »Einer ordne sich dem andern unter« ganz besondere Aufmerksamkeit zuwenden, damit wir Ehe richtig verstehen. Das griechische Wort, das mit »einander unterordnen« übersetzt wird, ist das Wort υποστασισ *hypostasis*. Es ist ein sehr starkes Wort mit militärischen Untertönen. Ein Infanterist ordnet sich z. B. dem Befehl eines Generals unter. Wie wir gesehen haben, ist »einander unterordnen« das Ergebnis dessen, was der Heilige Geist in uns tut.

Und was für ein Ergebnis! Denken wir an die Dynamiken des »Fluchs« wie sie in Genesis, Kapitel 3, Vers 16 beschrieben wurden. Zwei Menschen lassen sich auf einen Machtkampf ein. Beide stehen über dem anderen und gleichzeitig unter ihm, weil beide zu herrschen versuchen. Was Paulus im Epheserbrief sagt, zeigt uns, wie wir den »Fluch« umkehren und ihm entkommen können.

»Untertan« sein

Jetzt können wir uns im Zusammenhang mit der Anweisung des Paulus beschäftigen: »Ihr Frauen, ordnet euch euren Männern unter wie dem Herrn (Christus).« In einigen Bibelübersetzungen sind die Worte »ordnet euch unter« in Klammern gesetzt, was bedeutet, daß sie im Griechischen nicht vorhanden sind. Sie wurden dem Zusammenhang entnommen und hinzugefügt. Darum heißt Vers 22 wörtlich: »Frauen euren Männern als dem

Herrn«. Die Worte »ordnet euch unter« sind vom vorhergehenden Vers geliehen, in dem alle Christen angewiesen werden, »sich einander unterzuordnen« als einfache Konsequenz dessen, daß sie der Heilige Geist erfüllt. Wörtlich würden die Verse 21 und 22 dann heißen: »Einer ordne sich dem andern unter in der gemeinsamen Ehrfurcht vor Christus, Frauen euren Männern ...«

In diesem Abschnitt des Epheserbriefes zeigt uns Paulus tatsächlich ein Konzept auf, das uns befähigt, als Christen zu leben. Danach zeigt er uns, wie es in verschiedenen Beziehungen funktioniert: zwischen Eheleuten (5,22.23), Eltern und Kindern (6,1-4) und zwischen Sklave und Herr (6,5-9). Bei jedem Beispiel spricht er davon, was es für zwei Menschen bedeutet, sich dem anderen unterzuordnen. Die Ausführungen über das Unterordnen beginnen in Vers 22 mit den Frauen. Wir können nicht ignorieren, was Paulus über die Männer zu sagen hat. Wenn sich die Ehemänner ihren Frauen nicht auch unterordnen, gibt es kein gegenseitiges Unterordnen.

Paulus sagt uns: »Denn der Mann ist das Haupt der Frau, wie auch Christus das Haupt der Kirche ist; er hat sie gerettet, denn sie ist sein Leib« (5,23). Mit anderen Worten, wenn Sie sehen und verstehen möchten, was es heißt, daß der Mann das Haupt der Frau ist, müssen Sie verstehen, was es bedeutet, daß Christus das Haupt der Gemeinde ist.

Im Epheserbrief gibt es einige Stellen, die dies näher beleuchten. Im ersten Kapitel (Eph 1,18-23) wird uns ein Bild des mächtigen, ewigen, bereits siegreichen Christus vor Augen gestellt, dessen Herrschaft über alle Dinge ein Geschenk an die Gemeinde ist. Drei Kapitel weiter sehen wir Christus als das Haupt (Eph 4,7-16). Seine Führung bringt uns Freiheit und wird unsere Feinde zerschlagen und in die Gefangenschaft führen. Sie ist der Grund, warum wir die Gaben haben, die wir brauchen, um zu lernen, zu wachsen und anderen zu helfen. Mit anderen Worten, aus der Tatsache, daß wir Christus als unser Haupt haben, folgt, daß wir auch alles haben, was wir brauchen, um nach Gottes Plan leben und so werden zu können, wie Gott uns haben möchte. Und der entscheidende Ausdruck seiner geistlichen Leitung läßt sich in einen Satz fassen: Er gab sein Leben für uns hin. Dies kommt in Kapitel 5, Vers 25 zum Ausdruck, in dem Christi Liebe der Gemeinde gegenüber beschrieben wird mit den Worten: »... sich für sie hingegeben hat«.

Wenn Christus über Ihnen und mir (der Gemeinde) steht, dann nicht, weil er sich selbst über uns gestellt hätte, sondern weil wir uns unter ihn gestellt haben. Sie werden Christ, indem Sie Ihre Knie vor Christus als Ihrem Herrn beugen. Wir unterwerfen uns seiner Führung. Doch wie Sie aus dem Text ersehen können, ordnet sich Jesus unter, er dient der Gemeinde, baut sie auf und stirbt sogar für sie. Und der Mann ist das Haupt der Frau, wie Christus das Haupt der Gemeinde ist! Also, Ihr lieben Ehemänner, wenn Ihr Eure Frauen daran erinnert, daß Ihr der Boß seid, dann seid Ihr ganz sicher nicht das Haupt Eurer Frau, wie Christus das Haupt der Gemeinde ist.

Als Dave Johnson und ich über das traurige und weitverbreitete Problem des geistlichen Mißbrauchs (*The Subtile Power of Spiritual Abuse*, Bethany House Publishers, 1991) schrieben, beschäftigten wir uns damit, was passiert, wenn führende Männer im Reich Gottes weltliche Techniken anwenden, um Herrschaft und Macht zu erringen. In dieser Welt ist »Leiter« gleichbedeutend mit »Chef«, er ist derjenige, der Verantwortung trägt, der vorneweg marschiert. Doch Jesus sagt, daß Führer Diener sind (vgl. Mt 23,11 und Lk 22,26). Dasselbe gilt für das Wort »Haupt«. Paulus meint: »Überall bedeutet ›Haupt‹ Chef, Anführer, Kommandeur. Doch im Reich Gottes ist das Haupt die Person, die sich den anderen unterordnet, die dient und erbaut und bereit ist, für andere zu sterben.«

In der Gemeinde wird Christus klarer gesehen und erfahren, wenn wir uns ihm als unserem Haupt unterordnen. Und in Beziehungen, in denen die Gnade regiert, kann sich eine Frau ihrem Mann unterordnen und ihm in ihrem Frausein so zur Seite stehen, daß erst durch sie der Mann zu dem wird, zu dem Gott ihn geschaffen hat. Und ein Mann kann sich seiner Frau unterordnen und ihr alles Männliche an ihm zur Verfügung stellen, um seine Frau zu befähigen, sich so zu entfalten, wie Gott sie erschaffen hat. Wenn wir uns einem anderen Menschen unterordnen, lieben und helfen wir – und wir überlassen Gott die Führung. Wir werden später noch sehen, wie diese Haltung sich auswirkt.

Wenn wir der Schrift gehorchen und uns »einander unterordnen«, werden wir eine Beziehung haben, in der Gott sichtbar wird. »Darum (daß Gott in unserer Mitte sichtbar wird) wird der Mann Vater und Mutter verlassen und sich an seine Frau binden, und die zwei werden ein Fleisch sein« (Eph 5,31). Dies ist die Beschreibung der ehelichen Beziehung aus Genesis, Kapitel 2. Paulus spricht hier von der Beziehung, wie sie vor dem Sündenfall und vor dem »Fluch« war, um die eheliche Beziehung zu beschreiben, die entsteht, wenn wir uns vom Geist und nicht von uns selbst erfüllen lassen. Wir sind dann wieder mitten im liebevollen Plan Gottes!

Männer, paßt auf!

Es ist wichtig zu begreifen, daß diese unkonventionelle Neuigkeit die Männer sehr viel härter trifft als jeden anderen. Sie müssen sich dies einmal mit den Ohren eines Ephesers anhören, um zu verstehen, welche gewaltige Konfrontation zwischen dem Reich Gottes und dem Reich dieser Welt besteht. Die Frauen anzuweisen, sich ihren Männern unterzuordnen, war für Paulus nur insofern neu, als er ihnen jetzt sagte, sie sollten dies von Herzen tun als Folge ihrer Erfüllung mit dem Geist. In der damaligen Kultur unterstanden sie bereits ihren Männern. Doch daß sich ein Mann seiner Frau unterordnen sollte? Zu leben, als ob das Leben seiner Frau wertvoller wäre als sein eigenes? Er sollte sie ernähren und für sie sorgen wie für sich selbst? So etwas hatte man noch nicht gehört.

Ehefrauen waren dazu da, das Haus in Ordnung zu halten und sich um die Kinder zu kümmern. Ephesische Ehemänner gingen zu anderen Frauen, um mit ihnen Sex und Unterhaltung zu haben. Diese Lehre warf alles um, was ein Mann zur damaligen Zeit gelernt hatte; es war eine Revolution der Beziehung zwischen Mann und Frau. Aus eigenem Bemühen heraus konnte er so etwas nicht schaffen; eine solche Umgestaltung des Herzens konnte nur geschehen, wenn er sich in seinem Kampf von Gott erfüllen ließ.

Die Anweisung des Paulus an die Kinder, sich ihren Eltern unterzuordnen, war auch nicht neu. In der damaligen Kultur unterstanden die Kinder bereits ihren Eltern. Es war durchaus üblich, Kinder zu töten oder zu verkaufen, die den elterlichen Erwartungen nicht entsprachen. Aber ein Vater sollte sich seinem Kind unterordnen? Er sollte aufhören, das Kind zu strafen, wenn eine weitere Strafe das Kind zum Zorn reizen würde? – Das war bemerkenswert! Die anderen Väter würden denken, er sei verrückt geworden, sei kein richtiger Mann mehr und hätte keine Gewalt mehr über seinen Haushalt. Um zu lernen, über den Geist der Kinder zu herrschen, beharrt Paulus, sei man auf die Mitwirkung des Heiligen Geistes angewiesen. Und für uns ist es wichtig zu begreifen, daß Paulus ganz selbstverständlich davon ausging, Kinder könnten auf gleiche Weise mit dem Geist erfüllt werden. Dies würde sie neu befähigen, sich ihren Eltern unterzuordnen.

Und daß Paulus sagte, die Sklaven sollten ihren Herren untertan sein, war auch nichts Neues. Von Gesetzes wegen unterstanden die Sklaven bereits ihren Herren und mußten gehorchen und dienen. Es war eine Kultur, in der die Sklaven weniger wert waren als Menschen, und häufig wurden sie zum Spaß getötet und nicht, weil sie ungehorsam gewesen waren. »Neu« war für die Sklaven nur, daß Paulus sagte, sie sollten sich von Herzen unterordnen, weil sie vom Geist erfüllt seien. Furcht war die bisherige Motivation gewesen. Doch was mußten die ephesischen Männer (nur Männer konnten Besitz haben) gedacht und gefühlt haben, als sie lasen: »Ihr Herren, handelt in gleicher Weise gegen eure Sklaven! Droht ihnen nicht! Denn ihr wißt, daß ihr im Himmel einen gemeinsamen Herrn habt. Bei ihm gibt es kein Ansehen der Person« (Eph 6,9). Ein ephesischer Mann, der danach handelte, mußte mit dem Geist erfüllt sein. Denn seine Freunde und Kollegen würden ihn im besten Fall als Schwächling ansehen, schlimmstenfalls als Verrückten.

Eine letzte Konfrontation

Was Paulus hier beschreibt, ist letztendlich eine Beziehung der Gnade, der Freiheit und des Segens – eine Beziehung, die der Beziehung, wie sie in Genesis 3 beschrieben wird, gegenübersteht. Wenn Sie ein geisterfülltes Ehepaar, das sich einander unterordnet, nehmen und es nach Ephesus bringen würden, wäre sein Verhalten gegenüber allen Beziehungen in dieser Stadt völlig abgehoben. Und auch heutzutage wird eine solche Ehe im Widerspruch zu der feministischen Bewegung stehen, die Frauen ermutigt, Macht auszuüben, indem sie Macht an sich reißen.

Dann gibt es heute noch einige besonders gute Christen, die lehren, Gott würde nur durch die Männer eine Beziehung zu den Frauen haben. Sehen Sie sich ein geisterfülltes Ehepaar an, das sich einander unterordnet, und Sie werden den Unterschied erkennen. Und wenn Sie ein geisterfülltes Ehepaar, das sich einander unterordnet, in eine heutige Gemeinde stellen, wird ihre Beziehung sich auch von den meisten Ehen in dieser Gemeinde abheben.

Durch dieses andere, zutreffendere Verständnis der Lehren des Paulus hoffe ich, Ihnen eine neue Sichtweise der ehelichen Beziehung vermittelt zu haben. In späteren Kapiteln werden wir sehen, wie diese Prinzipien sich auswirken. Als nächstes werden wir uns damit beschäftigen, wie die Tatsache, daß wir uns allein auf Gott als Quelle unserer Erfüllung verlassen, auch die Sichtweise für die Aufgabe der Erziehung beeinflussen wird.

Kapitel 8

Uns selbst beherrschen

Der Drang, andere zu beherrschen, ist die deutlichste Manifestation des »Fluchs« in unseren Beziehungen. Zu lernen, uns selbst zu beherrschen, ist der Grundstein in einer Eltern-Kind-Beziehung, in der die Gnade wirksam ist.

Erziehung, wie sie im »Buche« steht

Dies ist das erste von vier Kapiteln über das, was ich »Erziehung, wie sie im ›Buch‹ steht« genannt habe. Ich habe diesen Titel deshalb gewählt, weil die Erkenntnisse für den Umgang mit Kindern – das heißt im Umgang mit ihrem Geist – direkt der Schrift entnommen sind. In diesem Erziehungsansatz gibt es zwei Verbote und zwei Gebote. Jedes wird in einem eigenen Kapitel behandelt werden. Die vier Gebote lauten:

- »Reizt eure Kinder nicht zum Zorn« (Eph 6,4).
- »Erzieht sie in der Zucht und Weisung des Herrn« (Eph 6,4).
- »Erzieh den Knaben für seinen Lebensweg« (Spr 22,6).
- »Verführe keinen dieser Kleinen zum Bösen« (Lk 17,2).

Den Blick auf unsere eigene Arbeit richten

Bei meiner Tätigkeit als Familienberater bin ich, wie ich schon sagte, vielen Ehemännern begegnet, die die Verse über die Frauen besser kannten als die Verse über die Männer, und ebenso vielen Frauen, die die Verse über die Männer besser kannten als die über die Frauen. Und sie verwenden sehr viel Energie darauf sicherzustellen, daß der andere diesen Versen entsprechend lebt.

Man findet dieses Phänomen jedoch auch in Beziehungen zwischen Eltern und Kindern. Eltern verwenden Bibelverse, um ihre Kinder einzuschüchtern und anzutreiben. Sie wissen alles über die Verse, die sie auf ihre Kinder beziehen können, aber nicht sehr viel über all die Aussagen, die sie selbst betreffen. Sie erinnern ihre Kinder daran, daß die Bibel sagt: »Ihr Kinder, gehorcht euren Eltern« (Eph 6,1).

Ihr Eltern, nehmt euch einen Augenblick Zeit, um euch diesen Vers genauer anzusehen. Paulus spricht unsere Kinder an, nicht uns als Eltern. Auch sagt er nicht: »Ihr Männer, bringt eure Frauen dazu, daß sie sich euch unterordnen« oder »Ihr Frauen, bringt eure Männer dazu, sich wie christusähnliche ›Häupter‹ zu verhalten.« Und er sagt nicht: »Ihr Eltern, bringt eure Kinder dazu, euch zu gehorchen.« Diese Anweisung gilt den Kindern, und Bibelstellen zu mißbrauchen, die an andere gerichtet sind, ist genau so, als ob man einen Brief öffnen würde, der an einen anderen adressiert ist.

Ihr Eltern, laßt die Finger von den Versen, die Euren Kindern gelten. Wir haben mit unseren eigenen Versen schon genug zu tun. Unser Vers (Eph 6,4) heißt: »Ihr Väter, reizt eure Kinder nicht zum Zorn.« Im nächsten Kapitel werden wir uns dann mit dem Schluß des Satzes beschäftigen: »... sondern erzieht sie in der Zucht und Weisung des Herrn.«

Den Kontext verstehen

»Reizt eure Kinder nicht zum Zorn« – dieser Vers ist an die Väter gerichtet. Sind Väter die einzigen, die ihre Kinder zum Zorn reizen? Ich glaube nicht. In der ephesischen Familie des ersten Jahrhunderts wurden die Männer jedoch als diejenigen angesehen, die die Autorität hatten, deshalb ist die Aufforderung an die Väter gerichtet. In gewisser Weise ähnelten die ephesischen Familien vielen heutigen Familien, in denen die Männer die Autorität darstellen und das letzte Sagen haben, während die Frauen die Erziehungsarbeit leisten. Die Wahrheit, die in diesem Vers enthalten ist, lautet folgendermaßen: Wer immer die Erziehungsarbeit leistet, sollte die Kinder nicht zum Zorn reizen.

Sagt Paulus hier den Eltern, sie sollten niemals etwas tun, über das die Kinder sich ärgern? Ganz bestimmt nicht. Kinder sind manchmal verärgert, wenn sie etwas tun sollen, das sie nicht tun wollen. Bei einigen Kindern ist dies sogar sehr häufig der Fall. Der Zorn eines Menschen unterliegt seiner eigenen Verantwortung. Paulus bürdet uns nicht die Verantwortung der Kontrolle über den Zorn unserer Kinder auf, doch es gibt heutzutage nicht wenige Eltern, die es als ihre Aufgabe ansehen, ihre Kinder jederzeit zufriedenzustellen. Das ist mit Sicherheit nicht gemeint. Paulus überträgt uns hier jedoch die Verantwortung dafür, ob wir unsere Kinder provozieren oder nicht. Eltern können den Zorn ihrer Kinder nicht kontrollieren. Doch wir haben es in der Hand, ob wir sie provozieren oder nicht.

Was ist Zorn?

Um das, was Paulus hier sagt, in seiner ganzen Bedeutung zu begreifen, müssen wir wissen, was Zorn ist. Für Zorn gibt es drei griechische Wörter, mit denen wir uns beschäftigen müssen. Das erste Wort ist παρογισμοσ *parorgismos*. Dieses Wort wird in der Epheserstelle verwendet. Es bedeutet »gärende Feindschaft« und bezieht sich auf einen Zorn, der unterdrückt werden muß. Leider sind viele Christen der Meinung, Zorn müßte hinuntergeschluckt werden – ihn einfach verdrängen, damit er nicht gesehen werden kann. In unserem Text wird deutlich, daß das nicht gut ist.

Das zweite Wort ist θυμοσ *thymos*. Dieses Wort ist im Galaterbrief (Gal 5,20) zu finden und wird mit »Jähzorn« übersetzt oder mit »Zorn, der zum Ausbruch kommt«. Dieser Zorn entsteht, wenn man sich allein von seinem Egoismus leiten läßt. Wenn Sie versuchen, Ihre Bedürfnisse zu erfüllen und Ihr Leben, Ihr Wertgefühl und das Gefühl des Angenommenseins von Menschen und materiellen Dingen erwarten anstatt vom Heiligen Geist, dann müssen Sie mit Enttäuschungen fertigwerden, was durchaus zu Wutausbrüchen führen kann. Der Grund dafür ist, daß Menschen und materieller Besitz uns falsche Versprechungen machen, aber nicht halten, was sie versprechen.

Das dritte Wort ist οργη *orgä*. Dieses Wort ist im Epheserbrief, Kapitel 4, Vers 26 zu finden: »Laßt euch durch den Zorn nicht zur Sünde hinreißen ...« (Dieses Wort wird auch in Kapitel 5, Vers 6 verwendet.) Bemerkenswert ist zuerst einmal, daß diese Art von Zorn zu empfinden nicht schon automatisch Sünde bedeutet. *Orgä* kommt dem »Empfinden von Zorn« am nächsten. Diese Art von Zorn ist nicht gut oder schlecht. Sie ist einfach nur ein Signal, daß etwas, das uns sehr wichtig ist, beschädigt oder bedroht worden ist. Wie wir dem Vers entnehmen können, ist allein unsere Reaktion auf unseren Zorn wichtig.

Mit anderen Worten, Sie können an Ihrer Reaktion erkennen, ob Ihnen etwas wichtig ist oder nicht. Wenn Sie zornig werden, weil jemand Ihren Wagen zerkratzt hat, dann zeigt das, wie wichtig Ihnen Ihr Wagen ist. Wenn

Sie wütend werden, weil jemand Sie beleidigt, wird deutlich, daß Ihr Ruf Ihnen wichtig ist. Wenn Sie zornig werden, weil Menschen andere ungerecht behandeln, dann zeigt das, welch großen Wert Sie auf Gerechtigkeit legen. Wenn es Ihnen wichtig ist, den Menschen im Reich Gottes zu dienen und Sie zusehen müssen, wie führende Männer ihre Autorität mißbrauchen, um sich selbst zu dienen, werden Sie zornig werden.

Was bedeutet es dann aber, zornig zu sein und nicht zu sündigen? Es muß möglich sein, sonst würde die Anweisung des Paulus keinen Sinn machen. Wieder einmal müssen wir uns den Kontext ansehen. Paulus sagt: »Legt deshalb die Lüge ab, und redet untereinander die Wahrheit; denn wir sind als Glieder miteinander verbunden. Laßt euch durch den Zorn nicht zur Sünde hinreißen! Die Sonne soll über eurem Zorn nicht untergehen. Gebt dem Teufel keinen Raum« (Eph 4,25-27). Ich glaube, Paulus will uns hiermit sagen, daß wir, wenn wir zornig auf einen Menschen sind, zu ihm hingehen und mit ihm sprechen sollen.

Folglich ist es Sünde, wenn man zornig auf einen Menschen ist und, statt mit ihm, mit anderen darüber spricht. Auf jemanden wütend zu sein und Gerüchte zu verbreiten, in einer Unterhaltung negative Andeutungen zu machen oder andere zu beleidigen, das ist zornig sein und sündigen.

Der Text zeigt sogar, daß zornig sein und es einfach dabei zu belassen – »die Sonne über seinem Zorn untergehen zu lassen« – auch Sünde ist. Verdrängte Wut kann sich zu *parorgismos* oder *thymos* auswachsen, und keins von beiden ist gut. Wenn Sie sich über jemand geärgert haben, gilt: Sprechen Sie mit dem Betreffenden!

Es gibt Christen, die der Überzeugung sind, nur eine Art von Zorn sei gerechtfertigt: die »gerechte Empörung« oder der »heilige Zorn«. Dies sind keine biblischen Ausdrücke. Ich denke, diese Begriffe sind von Menschen geschaffen worden, die »zu geistlich« sind, um normalen, menschlichen Zorn zu empfinden, und die andere dazu bringen wollen, ihren Zorn zu verbergen, als ob dies besonders geistlich wäre. So etwas führt dazu, daß die Menschen sich verstellen.

»Reizt nicht … zu gärender Feinschaft«

Unser Vers sagt uns, daß unterdrückter Zorn nicht gut ist. Wenn wir unsere Kinder nicht zu »gärendem Zorn« provozieren wollen, müssen wir wissen, wie wir das tun. Denken wir über das Folgende nach:

Unseren Kindern nicht erlauben, ihren Zorn zum Ausdruck zu bringen

Der einfachste Weg, Kinder zu provozieren, ist, ihnen nicht zu gestatten, ihren Zorn zum Ausdruck zu bringen. Wenn Sie Ihr Kind bitten, das Fernsehgerät auszuschalten und eine bestimmte Arbeit zu verrichten, die seine Aufgabe ist, dann bekommen Sie vielleicht eine Antwort wie die folgende: »Ich habe jetzt keine Lust dazu!« oder das Kind zeigt seine Verärgerung, indem es mit dem Fuß aufstampft und vor sich hinschimpft. Als Reaktion darauf würden viele Eltern sagen: »So etwas möchte ich nicht mehr hören« oder »Du machst Jesus traurig, wenn du dich so verhältst« oder »Geh in dein Zimmer und komm nicht wieder heraus, bis du dich beruhigt hast.« Damit provozieren Sie Ihr Kind. Es entscheidet sich vielleicht, seinen Zorn zu unterdrücken, um Ihnen nicht zu mißfallen – oder weil es denkt, es sei seine Aufgabe, dafür zu sorgen, daß Jesus einen guten Tag hat – oder weil es vermeiden möchte, aufs Zimmer geschickt zu werden. Und wenn es auf diese Art von Druck reagiert und seine Wut nicht offen zeigt, loben Sie es vielleicht und danken Gott, weil Ihr Kind nicht zornig wird. Aber freuen Sie sich nicht zu sehr. Sie haben einfach nur ein zorniges Kind mit *parorgismos* – das heißt, ein Kind, das die Sonne untergehen läßt über seinem Zorn.

Es ist besser, die Wut der Kinder zu akzeptieren. Sagen Sie ihnen, Sie könnten verstehen, daß sie verärgert sind, aber sie müßten die Arbeit trotzdem verrichten, die sie nicht mögen.

Häufig drückt ein Kind seine Verärgerung auch durch sein Verhalten aus – zum Beispiel stürmt es aus dem Zimmer und schlägt die Tür hinter sich zu. Das Problem ist nicht die Wut, sondern die Art und Weise, wie sie ausgedrückt wird. Das Ziel der Erziehung in diesem Punkt sollte sein, den Kindern zu helfen, ihre Wut so auszudrücken »wie es im Buche steht«. Wenn Ihr Kind zum Beispiel wütend davonstürmt und eine Tür hinter sich zuschlägt, könnten Sie etwa folgendes sagen: »Ich kann verstehen, daß du ärgerlich bist, aber es ist nicht in Ordnung, daß du davonläufst und mir die Tür vor der Nase zuschlägst. Das bringt uns beide nicht weiter. Wenn du wütend auf mich bist, dann sag es mir direkt. Außerdem, mir würde die Arbeit ehrlich gesagt auch nicht sehr gefallen, aber sie muß trotzdem gemacht werden. Sie ist nun mal dein Job.«

Mit doppelten Wertmaßstäben leben

Wenn Ihre Kinder nicht unordentlich sein dürfen, dann dürfen Sie es auch nicht sein. Wenn Sie wollen, daß sie sich an Gebote halten, sollten Sie auch die Geschwindigkeitsbeschränkungen einhalten. (Die Kinder bekommen genau mit, wenn Sie es nicht tun.) Wenn Sie wollen, daß Ihre Kinder eine Beziehung zu Gott bekommen und in die Gemeinde hineinwachsen, bei Ihnen das aber nicht der Fall ist – Ihre Kinder können Sie nicht täuschen.

Hier ein Beispiel aus meiner eigenen Familie. Es geht um den Umgang mit Zorn, doch alle doppelten Wertmaßstäbe provozieren unterdrückte Wut. Eines Abends waren wir auf dem Heimweg, nachdem wir den ganzen Tag im Haus eines Freundes an einem See verbracht hatten. Wir sechs waren müde, sonnenverbrannt und nur ein Schatten unserer selbst, saßen dicht gedrängt in unserem Wagen. Zu meiner Linken entdeckte ich ein Geschäft mit Sofas und Schaukelstühlen. Schon seit längerer Zeit waren wir auf der Suche nach einem Sofa. Ich setzte den Blinker und verkündete: »Seht nur, dieses Geschäft ist noch geöffnet. Wir wollen hineingehen und uns nach einem Sofa umsehen.« Das Stöhnen der Kinder ignorierend fuhr ich auf den Parkplatz.

Holly und ich gingen in den Laden, gefolgt von einer Reihe von vier krebsroten Töchtern. Sie hätten zu Hause im Bett liegen und über ihren Sonnenbrand jammern sollen, statt dessen jammerten sie in diesem Geschäft darüber. Während wir mit dem Verkäufer sprachen, verschwanden die Mädels.

Der Laden war sehr groß. Gerade, als wir einige Einzelheiten mit dem Angestellten besprachen, nahm ich eine Bewegung wahr und blickte in die hinterste Ecke des Ausstellungsraums. Unsere Töchter hatten sich in die Schaukelstühle gelümmelt und schaukelten heftig vor sich hin. Ein Verkäufer warf mir einen wütenden Blick zu.

Wut stieg in mir hoch. Zuerst täuschte ich dem Verkäufer noch die »Früchte des Geistes« vor (immerhin bin ich Christ). Ich zerrte Liebe, Freude, Frieden und Geduld hervor – dann entschuldigte ich mich und ging zu den heftig schwingenden Schaukelstühlen.

Als die Mädchen mich kommen sahen, hielten sie inne und rutschten tiefer in die Stühle hinein. Zwischen zusammengebissenen Zähnen zischte ich: »Das reicht! Ihr setzt euch jetzt in den Wagen! Was ist denn nur los mit euch?!« Ich packte die erstbeste am Arm und zerrte sie aus dem Stuhl. Dann ging ich zurück zu Holly und dem Verkäufer, täuschte noch mehr Frucht des Geistes vor und beendete unser Gespräch.

Auf dem Heimweg herrschte im Wagen Totenstille. Alle vier Mädchen waren in Schweiß gebadet. Schließlich brach eine von ihnen das Schweigen. »Dad«, flüsterte sie, »darf ich dir eine Frage stellen?«

Eine Frage? Ich stelle die Fragen hier … wollte ich gerade sagen. Beruhige dich, dachte ich.

»Ja«, erwiderte ich verbissen. »Du darfst eine Frage stellen.«

»Nun, Dad«, begann sie schüchtern, »wieso willst du, daß wir, wenn wir wütend auf dich sind, es in Worten ausdrücken, aber wenn du wütend auf uns bist, kannst du uns einfach am Arm packen und in den Wagen schicken?«

Ja, Jeff, wie kommt das? Sie können sich vorstellen, daß ich innerlich in Aufruhr war – nicht über dieses Kind, vielmehr über die Stimme der Wahrheit, die mir diese Frage stellte. Wie kommt es? dachte ich. Weil ich der Vater bin. Schlechte Antwort. Weil ich ein Erwachsener bin. Schlechte Antwort. Weil ich größer, schneller, stärker, lauter ... Schlechte Antwort. Weil ich nicht zu tun brauche, was ich sage. Schlechte Antwort. Offen gesagt, es gab keinen guten Grund.

Schweigend fuhren wir nach Hause. Dann setzten wir uns im Wohnzimmer zusammen. Ich fühlte mich schuldig, daß ich ihnen gegenüber doppelte Wertmaßstäbe angelegt hatte. Ja, die Mädchen hatten etwas getan, das nicht in Ordnung war – doch ich hatte ihr Verhalten kontrolliert, nicht meines, und ich war traurig darüber. Ich hatte ihnen nicht die Gelegenheit gegeben, auf die Konfrontation zu reagieren; ich hatte ihnen nicht erklärt, daß ich zornig war und warum. Ich hatte unrecht, und ich entschuldigte mich. Die Sonne über einer solchen Frage untergehen und sie unbeantwortet zu lassen, reizt Kinder zu gärender Feindschaft – und später, zu gegebener Zeit, zu offener Rebellion.

Für Ihre Kinder sprechen, denken und empfinden

Als unsere Kinder noch klein waren, hatten drei unserer vier Töchter Plattfüße. Sie brauchten sehr teure orthopädische Schuhe mit einer hohen Spezialeinlage

Eines Sommertages, als Erin vier Jahre alt war, nahm ich sie in eines der wenigen Schuhgeschäfte in Minneapolis mit, die solche Schuhe führten. Wir waren auf der Suche nach Sandalen. In ihrer Größe waren einige Paare vorhanden, und nach einer Weile hatte sie alle anprobiert.

Während wir noch darüber sprachen, welche Sandalen ihr am besten gefielen, kam eine junge Mutter mit ihrer vierjährigen Tochter in den Laden. Die beiden setzten sich neben uns, und die Mutter fragte die Verkäuferin: »Haben Sie Sandalen mit Spezialeinlagen für meine vierjährige Tochter?« Ich konnte es kaum glauben. Die Verkäuferin maß die Füße des kleinen Mädchens ab und deutete dann auf die Sandalen, die vor uns auf dem Boden lagen. Die Mutter war etwas irritiert.

Erin wußte immer noch nicht genau, welche sie wollte, und wir beobachteten, wie das kleine Mädchen neben uns ein Paar hübsche Ledersandalen mit bunten Perlen anprobierte. Sie paßten nicht. Dann zog sie ein anderes Paar an – nicht so hübsch, aber auch gar nicht so übel. Auch sie paßten nicht. Dann probierte sie ein absolut häßliches Paar an, die paßten wie Aschenputtels gläserner Schuh. Sofort sagte die Mutter: »Wir nehmen sie.«

Das kleine Mädchen bekam einen Wutausbruch. Es schrie, jammerte und bettelte, und schließlich warf es sich auf den Boden. Während das Mädchen Theater machte, hielt die Mutter die häßlichen Sandalen hoch und sagte zu ihrer Tochter: »Oh, wir mögen diese Sandalen, nicht wahr? Und halten wir sie nicht für wunderhübsch?«

Erin blickte die Frau mit einem seltsamen Gesichtsausdruck an, so als wollte sie sagen: Sehen Sie, meine Dame, wir Vierjährigen erkennen häßliche Sandalen, wenn wir sie sehen. Wem wollen Sie eigentlich etwas vormachen? Ich muß zugeben, daß auch ich ein wenig verwirrt war über das »wir«. Vermutlich hatte sie eine Maus in ihrer Tasche, die ihre Meinung über die Sandalen teilte. Denn ihre Tochter war ganz offensichtlich nicht mit ihnen einverstanden.

Das kleine Mädchen war traurig und zornig, weil es nicht die Sandalen bekam, die es haben wollte. Und je mehr die Mutter versuchte, die Enttäuschung des Kindes zu überspielen, desto wütender wurde das Kind. Und je mehr die Mutter versuchte, ihre eigene Wut zu unterdrücken, desto zorniger wurde sie.

Es stimmt, wir Eltern würden es gern sehen, wenn unsere Kinder unsere Antworten widerspruchslos hinnehmen würden. Und wir wünschten, sie würden uns in der Öffentlichkeit keine Szenen machen. Wir werden verlegen und machen uns Gedanken darüber, was andere Leute denken. Manchmal, denke ich, verhalten sich Kinder bewußt so, nur um den Ausdruck des Schreckens auf unserem Gesicht zu sehen.

Doch ich glaube nicht, daß es Sinn macht, die Wut des kleinen Mädchens darüber, daß es nicht die richtigen Sandalen bekam, zu untersuchen. Menschen ärgern sich manchmal, wenn sie nicht das bekommen, was sie möchten. Und wir tun gut daran, uns Sorgen zu machen, wenn unsere Kinder zu häufig zornig werden. Die Wut eines Kindes über eine Entscheidung der Eltern ist keine Katastrophe; wenn die Eltern Gründe für diese Entscheidung haben, dazu stehen und dem Kind auf einfache Weise diese Gründe erklären.

Doch wenn Mutter oder Vater über die Gefühle des Kindes hinweggehen, dann ist Grund zu wirklicher Besorgnis vorhanden. Der immer stärker werdende Zorn dieses kleinen Mädchens wurde provoziert von der Mutter, die sich so verhielt, als wüßte sie genau, wie ihre Tochter empfand und als wüßte sie es besser als das Kind. Außerdem gab es einen Punkt in diesem Szenario, in dem Mutter und Tochter übereinstimmten. Beide waren enttäuscht, daß sie nicht die schönen Sandalen nehmen konnten. Wieviel besser wäre es gewesen, wenn die Mutter gesagt hätte: »Ich weiß, du bist enttäuscht, daß du nicht die schönen Sandalen nehmen kannst. Ich auch. Doch es ist wichtig, daß Schuhe richtig passen. Darum werden wir statt dessen die anderen nehmen.«

Die Privatsphäre eines Kindes verletzen

Obwohl einige Erwachsene mit mir vielleicht nicht einer Meinung sind, denke ich, daß Kinder ihre Privatsphäre brauchen. Meine älteste Tochter hatte früher ein Schild an ihrer Tür hängen, auf dem stand: »Wer hier eindringt, wird sterben!« Für Holly und mich war das keine große Sache. Sie sagte ja nicht: »Du bist nicht würdig, in mein Zimmer zu kommen, darum bleib fort.« Sie versuchte auch nicht, hinterhältig zu sein. Sie erklärte einfach nur: »Das ist mein persönlicher Bereich, und wenn du hereinkommst, dann nur, wenn ich auch damit einverstanden bin.«

Eine meiner Aufgaben als Elternteil ist es, die Privatsphäre meines Kindes zu respektieren und ihm sogar noch zu helfen, dies aufzubauen. Wenn ich die Tür ohne Erlaubnis öffne – weil ich ja »die Rechnungen bezahle« oder weil es »mein Haus« ist –, mißachte ich die Privatsphäre meiner Tochter.

Es ist in Ordnung, wenn die Kinder beschließen, nicht zu teilen. Teilen bedeutet, daß ein Kind etwas besitzt, mit dem es einem anderen Kind Freude machen oder helfen kann. Einige Eltern bewegen ihre Kinder aus den falschen Gründen zum Teilen. Vielleicht ist der Grund dafür, daß sie die Quengeleien des anderen Kindes satt haben. Oder weil es egoistisch wirkt, wenn das Kind nicht teilen will. Schließlich möchte man ja ein Kind, das unserem christlichen Anspruch gerecht wird.

Wenn ein Kind seinen Besitz teilt, um einer Bestrafung zu entgehen, dann gibt es nur nach, um dem Schmerz zu entgehen. Das »Ja« des Kindes ist in Wirklichkeit kein »Ja«, wenn ihm nicht freisteht, auch »nein« zu sagen. Ein Kind zu einem »Ja« zu zwingen, provoziert eine unterdrückte Wut.

Auf taube Ohren stoßen lassen

»Jedes Kind sollte die Gelegenheit haben, sich zu verteidigen, bevor es bestraft wird. Umstände, von denen wir nichts wissen, könnten unsere Reaktion auf sein Fehlverhalten beeinflussen«, schreibt Paul Lewis (*40 Ways to Teach Your Child Values*, Tyndale House Publishers, 1985).

Wir müssen unseren Kindern zuhören. Wir müssen ihnen das Recht zugestehen, in Angelegenheiten, die sie betreffen, mitzureden. Warum? Weil wir ihnen damit sagen, daß wir ihnen vertrauen und daß wir sie für fähig halten, zu denken und zu entscheiden. Manchmal wissen sie, was richtig ist; manchmal haben wir unrecht. Manchmal wollen sie gar nicht unter allen Umständen ihren Willen durchsetzen, sie wollen nur angehört und respektiert werden. Dem kleinen Mädchen mit den Sandalen hat niemand zugehört. Und Kinder werden wütend, wenn die Erwachsenen ihnen keinen Respekt erweisen.

Wenn Eltern »abwesend« sind

Vor etwa zehn Jahren ließ ich mich von meiner Arbeit so vereinnahmen, wie ich es in Kapitel fünf beschrieben habe. Eines Tages, als ich gerade abreisen wollte, um in einer anderen Stadt ein Seminar zu halten, wurde mir klar, daß ich eigentlich gar nicht fahren wollte. Während ich auf dem Fußboden im Wohnzimmer saß und meinen Koffer packte, begann ich zu weinen. Ich hatte viel zu oft »ja« gesagt, und jetzt vermißte ich meine Familie und wollte nichts weiter als zu Hause bleiben.

Erin, die damals noch sehr klein war, sah mich weinen. Sie kam zu mir herüber, legte ihren Arm um meinen Hals und ihren Kopf an meine Schulter. In einem Versuch, mich zu trösten, sagte sie: »Mach dir keine Gedanken, Daddy. Wir werden dich nie vergessen.«

Das war ein schwacher Trost. Es war vor allem eine Konfrontation, die eine Wende brachte in meinem Kampf, Familie und Arbeit miteinander zu vereinen.

Ich erkannte, daß sie recht hatte. Sie würden mich nicht vergessen – doch sie würden sich an einen Vater erinnern, der seine Arbeit wichtiger nahm als sie. Der Psalmist sagt: »Kinder sind ein Geschenk des Herrn, die Frucht des Leibes ist sein Geschenk« (Ps 127,3). Sie sind so wichtig, daß wir nicht ohne ernsthafte Gründe ständig »weg« sein sollten. Wenn Sie es versäumen, Zeit mit Ihren Kindern zu verbringen, dann fühlen sie sich verletzt, wütend und so, als ob sie Ihnen nichts bedeuten würden. Einige Eltern wissen nur, was im Leben ihrer Kinder passiert, weil sie es von anderen hören, nicht, weil sie da sind und es miterleben.

Wenn Sie zu den Eltern gehören, die viel zu wenig da sind, um die Bedürfnisse Ihres Kindes zu erkennen, dann sind Sie der Grund dafür, daß die Kinder gärenden Zorn empfinden. Oder schlimmer noch: wenn Sie sie zum Schweigen bringen, sobald sie sich gegen Ihre häufige Abwesenheit aufzulehnen beginnen ...

Wenn wir unsere Kinder »beschämen«

Tired of Trying to Measure Up [»Müde geworden bei dem Versuch, allen Ansprüchen gerecht zu werden«] ist ein Buch, das ich geschrieben habe, um Menschen zu helfen, mit den Auswirkungen von Schamgefühlen fertigzuwerden. Wenn Menschen vermittelt wird, daß sie unzulänglich, ungeliebt, wertlos sind und niemals den Ansprüchen genügen können, gründen sie ihre Identität auf ein schrecklich verzerrtes Selbstbild. Die Handlungsweise der Mutter in dem Schuhgeschäft vermittelte der Tochter das Gefühl, hilflos, nutzlos und klein zu sein. Unter solchen Umständen wird jeder normale Mensch *orgä*, Zorn, empfinden.

Nehmen wir an, die Mutter hätte das Kind aus dem Geschäft geführt und draußen für sein Verhalten geschlagen. Nur zu häufig setzen wir das ganze Gewicht unserer Autorität ein, um unseren Kindern zu zeigen, wie unzulänglich sie sind: »Du hast einen solchen Aufstand gemacht – und du selbst bist das Problem. Was für ein rebellisches, elendes Kind du doch bist. Du bist so schrecklich, daß ich mich schäme, mich in der Öffentlichkeit mit dir sehen zu lassen.« So etwas zerstört etwas im Inneren eines Kindes, und in ihm gären ungelöste Konflikte und unterdrückter Zorn.

Ich hoffe, daß Sie verstanden haben, wie groß dieses Problem ist. Und damit keine falschen Erwartungen entstehen: Selbst, wenn Sie sich einen neuen Erziehungsstil zulegen, können Ihre Kinder trotzdem zornig reagieren. Sicher ist nur, daß Zorn zu unterdrücken niemals der richtige Weg ist.

In Kapitel 9 werden wir sehen, wie gläubige Eltern eine Atmosphäre schaffen können, in der Kinder lernen, sich auf Gott zu verlassen – denn dies ist unsere Aufgabe, die Gott uns anvertraut hat.

Kapitel 9

Glauben in unseren Kindern aufbauen

Vor etwa acht Jahren unternahm Holly eine Reise, um einige alte Freunde aus ihrer Teenagerzeit zu besuchen. Dieser Besuch bereitete ihr Kopfzerbrechen, weil sie das Gefühl hatte, einige schwierige Punkte ansprechen zu müssen. Sie wußte, daß ihre Freundinnen einiges ganz anders sahen als sie, und daß es Spannungen geben würde. Ihr war es immer schwergefallen, mit diesen Leuten zusammenzusein, weil sie ganz klare Signale ausgesandt hatten, die besagten, daß sie nicht so recht zu ihnen paßte. Holly versuchte, positiv über diesen Besuch zu denken, doch sie machte sich trotzdem Gedanken und hatte Angst davor. »Es wird alles gut werden«, sagte ich ihr zum Abschied, und ich hoffte, daß ich recht hatte.

Später am Abend, als die Kinder bereits im Bett lagen, klingelte das Telefon. Es war Holly, und sie hörte sich großartig an. »Hallo, das scheint ja alles sehr gut zu laufen?!«

»Das stimmt«, erwiderte sie. »Ich habe gerade meinen Koffer geöffnet und einen Brief gefunden, den Kara unter meinen Sachen versteckt hat.« Kara ist unsere älteste Tochter. Sie war damals gerade zehn Jahre alt. »Ihr Brief hat mir Auftrieb gegeben.«

Kara hatte folgendes geschrieben:

»Liebe Mama,
ich habe Dich lieb. Ich weiß, daß Dir diese Reise sehr schwerfällt. Es ist schön, daß Dir Deine Freunde so sehr am Herzen liegen, daß Du versuchen willst, mit ihnen zu sprechen. Ich weiß, daß sie sich vielleicht über Dich lustig machen werden. Aber denke daran, Jesus ist bei Dir.
In Liebe
Deine Tochter Kara«

Im ersten Timotheusbrief, Kapitel 6, Vers 12 schreibt Paulus: »Kämpfe den guten Kampf des Glaubens.« Unser kleines Mädchen wiederholte die Worte des Apostels Paulus. Sie gab ihrer Mutter, was wir zehn Jahre lang versucht hatten, ihr zu geben – eine Erinnerung daran, daß ihr inneres Leben und ihr Wertgefühl auf Jesus gegründet waren.

Mehr über »unseren Vers«

Der zweite Aspekt wahrhaftiger, geistlicher Erziehung ist auch im Epheserbrief, Kapitel 6, Vers 4, dem »Elternvers«, wie ich ihn nenne, zu finden: »... sondern erzieht sie in der Zucht und Weisung des Herrn.«

Früher dachte ich immer, Paulus wollte damit sagen: »Erzieht eure Kinder zu guten Regelbefolgern. Lehrt sie, wie sie handeln sollen.« Bestimmten Regeln zu folgen, ist tatsächlich wichtig, genau wie man lernen muß zu leben. Doch im Lichte der Lehren des Paulus über das Leben in der Kraft des Heiligen Geistes glaube ich nicht, daß dieser Vers vom Einhalten bestimmter Regeln spricht. Ich denke vielmehr, daß Paulus hier sagen will: »Bringt eure Kinder im Kampf des Glaubens voran. Helft ihnen, sich wirklich auf Jesus zu verlassen.« Hier sind wir gefragt, unseren Kindern zu helfen, sich mit dem Geist erfüllen zu lassen.

Die meisten gläubigen Eltern konzentrieren sich auf die Worte »Zucht« und »Weisung« und übersehen das Wort »erziehen«. Wir sollen sie nicht niederknüppeln oder zu etwas zwingen. Es ist nicht unsere Aufgabe, unsere Kinder zu christlichen Ebenbildern von Pawlows Hunden zu machen, die bei jeder Gelegenheit die richtigen Bibelverse bellen. Wir sollen sie vielmehr zu aufrichtigen und verläßlichen Erwachsenen erziehen.

Der größte Kampf unserer Kinder

Als Pastor und Berater weiß ich, daß der größte Kampf unserer Kinder derselbe ist wie unserer: Wir alle kämpfen darum, in Christus unser Selbstwertgefühl zu suchen, von ihm die Befriedigung unserer Bedürfnisse zu erwarten und uns von ihm geliebt und angenommen zu fühlen. Es fällt uns tatsächlich noch leichter, dies alles von uns selbst zu erwarten. Leider ist dieser Kampf für unsere Kinder – wie für so viele erwachsene Christen – in der Bedeutung, die dem äußeren Schein zugemessen wird, verloren gegangen.

Ich möchte es noch einmal betonen: nicht das Verhalten zählt. Wichtiger ist, die richtigen Entscheidungen zu treffen. Gehorsam gegenüber Gottes liebevollem Willen ist keine Entscheidungssache, er ist schlichtweg notwendig. Und er ist ohne weiteres mit der Fülle vereinbar, die wir in Christus haben. Ich möchte das an Folgendem verdeutlichen. Paulus schreibt im Epheserbrief, Kapitel 3, Verse 17-19:

> »Durch den Glauben wohne Christus in eurem Herzen. In der Liebe verwurzelt und auf sie gegründet, sollt ihr zusammen mit allen Heiligen dazu fähig sein, die Länge und Breite, die Höhe und Tiefe zu ermessen und die Liebe Christi zu verstehen, die alle Erkenntnis übersteigt. So werdet ihr mehr und mehr von der ganzen Fülle Gottes erfüllt.«

Dieser Abschnitt handelt von innerer Fülle. Gott ist die Quelle unserer Fülle. Im Johannesevangelium, Kapitel 4 finden wir die Geschichte einer samaritischen Frau, die Jesus an einem Brunnen trifft. Jesus bot dieser Frau lebendiges Wasser an. Dies war ein Mensch, der versuchte, seine innere Leere durch Beziehungen zu Männern zu füllen. Jesus sagte zu ihr: »Wer aber von dem Wasser trinkt, das ich ihm geben werde, wird niemals mehr Durst haben; vielmehr wird das Wasser, das ich ihm gebe, in ihm zur sprudelnden Quelle werden, deren Wasser ewiges Leben schenkt« (V. 14). Und später wiederholt Jesus vor einer großen Menge: »Wer Durst hat, komme zu mir, und es trinke, wer an mich glaubt. Wie die Schrift sagt: Aus seinem Inneren werden Ströme von lebendigem Wasser fließen« (Joh 7,37.38).

Jesus hat versprochen, einen Brunnen in uns »anzulegen«, und aus dieser inneren Quelle wird Leben fließen. Unsere einfache Aufgabe ist es, uns daran zu erinnern, daß wir aus diesem Brunnen trinken anstatt aus all den anderen Brunnen, die uns Erfüllung versprechen, sie uns jedoch nicht zu geben vermögen. Gut im Sport zu sein, viele Freunde zu haben, eine Beziehung zu einem Angehörigen des anderen Geschlechts zu haben, gute Noten zu erzielen oder der erste beim Bibelquiz zu sein, all das kann unsere Kinder nicht erfüllen. Genauso brauchen auch wir den inneren Brunnen, genau wie unsere Kinder. Wir müssen uns jeden Tag, Minute für Minute, neu mit dem Geist erfüllen lassen, genau wie unsere Kinder.

Würden Sie Ihren Kindern nicht gern helfen zu lernen, ihren Durst nach Jesus Christus zu erkennen? Würden Sie ihnen nicht gern helfen zu erkennen, daß Jesus der einzige ist, der ihnen Leben von innen heraus geben kann?

Die Disziplin des Glaubens

Es ist interessant, den Galaterbrief und den Kolosserbrief einmal miteinander zu vergleichen. Paulus war böse auf die Galater. In seinem Brief hält er ihnen die Tatsache vor, daß sie »im Fleisch gewandelt« sind anstatt im Geist. Doch das »Fleisch« der Galater war nicht Pornographie, Trunkenheit oder Diebstahl. Die Galater hatten begonnen, ihr geistliches Leben danach zu beurteilen, ob sie bestimmte religiöse Verhaltensweisen angenommen hatten oder nicht. Sie ließen sich von religiösen Äußerlichkeiten leiten anstatt vom Geist. Paulus nennt dies »Wandeln im Fleisch«.

Den Kolossern dagegen sagt Paulus folgendes:

> »Auch wenn ich fern von euch weile, bin ich im Geist bei euch. Mit Freude sehe ich, wie fest und geordnet euer Glaube an Christus ist. Ihr habt Christus Jesus als Herrn angenommen. Darum lebt auch in ihm! Bleibt in ihm verwurzelt und auf ihn gegründet, und haltet an dem Glauben fest, in dem ihr unterrichtet wurdet« (Kol 2,5-7).

Paulus freute sich über ihre Festigkeit und Disziplin. Doch er lobte sie nicht wegen ihres häufigen Gottesdienstbesuchs, wegen ihrer Großzügigkeit oder ihrer täglichen Andacht. Ja, all dies sind gute Praktiken, doch Paulus freute sich über ihre geistliche Festigkeit, die in ihrem Glauben an Jesus verwurzelt war. Im Gegensatz zu den Galatern hielten sie an Jesus fest.

Paulus drängte die Kolosser, so mit Christus zu leben, wie sie zu ihm gekommen waren, durch ihr Vertrauen. Jesus war der Grund, in den ihre »Glaubenswurzeln« gepflanzt waren, und dieser lebendige Glaube würde sie auch weiterhin auferbauen.

Gelegenheiten, die Glauben wecken

Meine Tochter Callie kam eines Tages mit dem Bus nach Hause und erzählte, daß einige Kinder sich über sie lustig gemacht hätten. Sie war traurig und hatte Angst. Sie wollte auf einem anderen Weg zur Schule fahren. In unserem Gespräch mit ihr nahmen wir ihre Gefühle ernst und trösteten sie in ihrer Traurigkeit. Wir wollten auch einen Weg finden, sie daran zu erinnern, sich an Jesus zu halten.

»Diese Kinder haben sich ganz sicher so verhalten, als wärst du nicht etwas Besonderes. Wenn sie dich so behandeln, wie fühlst du dich dann?« fragten wir. Das brachte sie zum Weinen, und wir nahmen sie in den Arm, um sie zu trösten.

»Auf dieser Seite stehen also die Kinder, die sagen, du seist klein und dumm«, sagte ich. »Und auf der anderen Seite steht Jesus. Er sagt, du bist etwas ganz Besonderes, und sehr talentiert, und wenn er eine Mannschaft zusammenstellen müßte, würde er dich als erste wählen. Und jetzt mußt du entscheiden, wem du glauben willst.«

Callie hat sehr oft entscheiden müssen, wessen Stimme sie glauben wollte. Zweifellos hat sie manchmal, genau wie Sie und ich, auf die falsche Stimme gehört. Das ist ein Kampf im Glauben, der immer weitergeht. Wir müssen der Versuchung widerstehen, unser Leben in irgend etwas oder irgend jemand anderem als in Christus zu suchen. Aber Callie macht Fortschritte, genau wie wir auch.

Wir wollen uns den Tatsachen stellen: Selbst wenn unsere Kinder ihren eigenen Glaubensweg beginnen und daran glauben, daß sie aufgrund des Todes Jesu am Kreuz von Gott geliebt und angenommen sind, bedeutet das nicht, daß andere Kinder sich in nette Menschen verwandeln. Und es bedeutet auch nicht, daß unsere Kinder sich nicht verletzt fühlen, wenn ihnen verletzende Dinge gesagt oder angetan werden. Doch wir können aufhören mit dem Versuch, Verhaltensweisen und Gefühle beherrschen zu wollen und statt dessen unseren Blick auf den Wert und die Identität des einzelnen richten. Christus hat unseren ewigen Wert und unsere Identität sichergestellt.

Aber nehmen wir einmal an, Callie wäre im Innersten entschlossen, ihren Wert tatsächlich von älteren, stärkeren Kinder bestimmen zu lassen. Sie hätte einen Plan gefaßt. »Wenn ich das oder das tue, dann mögen sie mich vielleicht.« Unsere Aufgabe als Eltern kann nicht sein, ihr diesen Plan auszureden. Unsere Aufgabe könnte vielleicht sein, ihr zu helfen, den Plan richtig anzuwenden.

Wir könnten sagen: »In Ordnung, versuche nur, etwas Besonderes zu werden, indem du zwei Wochen lang diesen Kindern zu Gefallen bist. Tu alles, was sie deiner Meinung nach von dir erwarten. Und tu nichts, was ihnen nicht gefällt. Am Ende der zwei Wochen unterhalten wir uns weiter.« Vermutlich würde Callie am Ende der zwei Wochen sehr erschöpft sein und vielen Leuten gefallen haben – aber sie würde sich innerlich immer noch nicht als etwas Besonderes fühlen.

Ich will es noch einmal deutlich sagen: Unsere Aufgabe als gläubige Eltern ist es, die Aufmerksamkeit der Kinder auf das zu lenken, was wirklich – wahr – ist, und nicht zu versuchen, die Gefühle der Kinder zu kontrollieren.

Unseren Kindern diesen Durst nach Leben und Bedeutung zu vermitteln, hat durchaus auch praktischen Wert, wie ein ungewöhnlicher Zwischenfall mit unserer Tochter Jesi zeigte.

Eines Tages kam Jesi nach der Schule nach Hause und erzählte uns, sie wäre von einem anderen Mädchen aus dem Bus zu einem Kampf herausgefordert worden.

»Lehne diese Aufforderung ab«, schlugen wir vor.

Doch am folgenden Tag nach der Schule sah Holly Dutzende Kinder auf unserem Rasen.

»Was ist hier eigentlich los?« fragte sie Jesi, die gerade die Treppe herunterkam.

»Das Mädchen hat mich heute wieder herausgefordert«, erwiderte Jesi.

»Was hast du ihr gesagt?« fragte Holly.

»Ich sagte: ›Ja, gut‹«, gab Jesi zur Antwort. Offensichtlich hatte das Mädchen dies als Zustimmung verstanden.

Nun hatte sich die Menge zusammengefunden, um den Kampf zu beobachten! Sie trugen Spruchbänder, und ein Kind hatte sogar eine Trompete bei sich. (Ganz im Ernst.)

Holly öffnete die Haustür und verkündete laut, der Kampf sei gestrichen worden. Nachdem Holly die Menge gesehen hatte, war sie noch entschlossener als die Kinder – »Sie werden meine Kleine nicht bekommen!« –, und enttäuscht zerstreute sich die Menge.

An diesem Abend sprachen wir mit Jesi über das, was passiert war. »Du mußt wirklich sehr viel Macht besitzen, Jes«, meinten wir.

»Was meinst du damit?«

»Nun, dieses andere Mädchen verschwendet so viel Energie und Zeit, sich mit dir auseinanderzusetzen. Es muß ihr wirklich wichtig sein, was du denkst.«

»Hmmm«, meinte Jesi nachdenklich.

Am folgenden Tag ging dieses Mädchen wieder auf Jesi los. »Ich muß wirklich sehr viel Macht besitzen«, meinte Jesi.

»Was meinst du damit?« fragte das andere Mädchen.

»Nun, du vergeudest so viel Zeit und Energie, dich mit mir abzugeben, es muß dir wirklich sehr wichtig sein, was ich denke.«

»Hmmm«, brummte das andere Mädchen nachdenklich.

Danach hat sie Jesi in Ruhe gelassen. Sogar diesem Kind, das nichts über das Erfülltsein mit dem Heiligen Geist wußte, war klar, daß es sich nicht wichtiger fühlen konnte, wenn es Jesi VanVonderen verprügelte.

Ein anderes praktisches Beispiel:

Als unsere Kara im vierten Schuljahr war, konnte sie an ihrer Schule an einem Förderprogramm teilnehmen. Zwei Jahre später kam Erin in die vierte Klasse. Auch sie wollte so gern an diesem Programm teilnehmen, darum ließ sie die Prüfungen über sich ergehen. Sie schnitt nicht so gut ab und wurde nicht angenommen. Erin war am Boden zerstört. Sie fühlte sich traurig und unfähig.

»Was ist nur los mit mir?« weinte sie. »Ich hätte wirklich so gern an diesem Förderprogramm teilgenommen.« Sie war so traurig, daß sie die Initiative ergriff und zu der Schulpsychologin ging, um mit ihr über das zu sprechen, was sie empfand.

Als sie an diesem Abend aus der Schule kam, fragte ich sie, wie sie sich fühlte. »Ein bißchen besser. Ich habe heute mit der Schulpsychologin gesprochen, und sie hat mir von der IBLUF erzählt«, erwiderte sie.

»IBLUF? Was ist das denn?« fragte ich.

»Nun, die Psychologin schrieb IBLUF auf einen Zettel und gab ihn mir. Sie sagte mir, die Buchstaben stünden für ›Ich bin liebenswert und fähig‹. Dann nahm sie den Zettel zurück und zerknüllte ihn. Sie sagte, manchmal würden Dinge passieren, die uns den Eindruck vermittelten, wir würden nicht liebenswert und fähig sein. Dann strich sie den Zettel glatt und gab ihn mir zurück. Sie sagte, wenn das passierte, müßten wir ihn nur so gut wie möglich glattstreichen und weitermachen.«

»Das ist ein cooles Beispiel«, sagte ich. »Aber eigentlich haben wir etwas Besseres. Jesu Liebe zu uns ist nicht wie ein Stück Papier. Sie ist eher wie Stahl.«

»Ich habe Mama dieselbe Geschichte erzählt«, wandte Erin ein. »Und sie sagte, Jesu Liebe sei wie der härteste Edelstein, wie ein Diamant.«

Am folgenden Tag ging ich in ein Geschäft, das Schilder verkauft. Ich ließ für Erin eine Metallplatte anfertigen (Diamanten konnte ich mir nicht leisten), und eine Plexiglasplatte über die Gravur legen, damit sie nicht verkratzt wurde. Auf dem Schild stand:

DBLUF
Du bist in meinem
Förderprogramm.
In Liebe, J. C.

Als ich Erin das Schild gab, sagte ich ihr, das Plexiglas könnte verkratzen, das sei nicht immer zu verhindern. Doch die Botschaft darunter würde sich niemals ändern, niemals verkratzt werden und niemals verschwinden. Es ist großartig, akzeptiert zu werden und in besondere Programme aufgenommen zu werden. Doch Jesus allein ist derjenige, der uns zu etwas Besonderem macht.

Jeden Tag bieten sich allen Eltern viele Gelegenheiten, ihren Kindern zu helfen, den Kampf des Glaubens zu kämpfen. Unseren Kindern mangelt es nicht an Gelegenheiten, hinter leeren Versprechungen herzujagen in dem aussichtslosen Versuch, ihre inneren Bedürfnisse zu befriedigen – seien es nun Drogenangebote, Sex oder die Gelegenheit, der beliebtesten Gruppe von Gleichaltrigen anzugehören.

Leere Dinge müssen nicht notwendigerweise auch schlecht sein. Gute Noten zu erzielen, ist nicht schlecht. Doch die Noten machen einen Menschen nicht wertvoll, genausowenig wie die Anerkennung der Eltern oder regelmäßiger Besuch der Sonntagsschule. Zusätzlich stürmen durch die Medien, durch die Gleichaltrigen und sogar manchmal durch die Familie unzählige Botschaften auf die Kinder ein, die besagen, daß sie den Erwartungen nicht genügen. Wir müssen nach Wegen suchen, unsere Kinder zu ermutigen, allein auf Jesus zu blicken und durch ihn ihr Wertgefühl und das Gefühl des Angenommenseins zu beziehen.

Das gute Vorbild ist wichtig

Ich denke, in der Bibel wird uns ein noch sehr viel wirkungsvollerer Weg aufgezeigt, wie wir anderen vermitteln können, daß wir unser Leben aus Jesus Christus beziehen: Es ist absolut notwendig für uns Eltern, den Kampf des Glaubens selbst auszutragen, damit unsere Kinder sehen, wie wir mit denselben Themen zu kämpfen haben. Ich spreche davon, lebendige Vorbilder des Glaubens zu sein.

Im Buch Deuteronomium wird uns Hilfestellung für die Erziehung unserer Kinder »in der Zucht und Weisung des Herrn« gegeben.

»Höre, Israel, Jahwe, unser Gott, Jahwe ist einzig. Darum sollst du den Herrn, deinen Gott, lieben mit ganzem Herzen, mit ganzer Seele und mit ganzer Kraft« (Dtn 6,4f).

Dies ist die Botschaft, die wir weitergeben müssen: Konzentriert euch auf einen Gott. Versucht nicht, eure inneren Bedürfnisse von falschen Göttern befriedigen zu lassen. Liebt und laßt euch von einem wahren Gott lieben, mit jeder Faser eures Herzens. Das ist es, was notwendig ist!

»Diese Worte, auf die ich dich heute verpflichte, sollen auf deinem Herzen geschrieben stehen« (V. 6).

Dies ist die Methode, der erste Schritt, die Botschaft weiterzugeben: Schreiben Sie sie auf Ihr Herz. Die Botschaft, daß Gott unser Leben ist, muß auf unseren »Herzenstafeln« stehen, bevor sie die Botschaft unserer Kinder werden kann.

»Du sollst sie deinen Söhnen wiederholen. Du sollst von ihnen reden, wenn du zu Hause sitzt und wenn du auf der Straße gehst, wenn du dich schlafen legst und wenn du aufstehst. Du sollst sie als Zeichen um das Handgelenk binden. Sie sollen zum Schmuck auf deiner Stirn werden. Du sollst sie auf die Türpfosten deines Hauses und in deine Stadttore schreiben « (V. 7-9).

Zweiter Schritt: Geben Sie die Botschaft, die sich in Ihr Herz eingegraben hat, an Ihre Kinder weiter. Geben Sie die zeitlose Wahrheit weiter, daß es ein Kampf ist, nur einen Gott zu haben. Lassen Sie Ihren Glauben an den einen Gott aus Ihrem Wesen, aus allem, was sie tun, sprechen.

Die Vorbilder im Neuen Testament

Ganz offensichtlich glaubte der Apostel Paulus an die Bedeutung von Vorbildern. Im Philipperbrief schreibt er: »Was ihr gelernt und angenommen, gehört und an mir gesehen habt, das tut« (Phil 4,9). Im zweiten Thessalonicherbrief bietet Paulus sich selbst als Vorbild an, damit wir seinem Beispiel folgen können.

Im ersten Korintherbrief zeichnet er ein unglaubliches Bild von sich als Vorbild im Glauben. Hier heißt es: »Nehmt mich zum Vorbild, wie ich Christus zum Vorbild nehme« (1 Kor 11,1).

Meine Frau hat mir die ganze Bedeutung dieses Verses aufgeschlossen. Sie ist eine Künstlerin, was Mimik anbelangt. In der Übersetzung stammt das Wort »Imitator« von dem griechischen Wort μιμεται *mimetai* ab.

Eines Tages erzählte mir Holly in einem Gespräch, die Kunst der Mimik hinge mit *mimetai* zusammen. Ich sagte: »Ah, du meinst das Darstellen von gedachten Dingen oder Personen, wie wenn wir ›Scharade‹ spielen?«

»Nein, ganz und gar nicht«, erwiderte sie. »Scharade ist eine Art Pantomime, mit der man etwas spielt, damit ein anderer es sehen und erfahren kann. Man gibt vor, dort sei eine Wand, so daß andere die Wand ›sehen‹ können. Wenn ich mimen will, muß ich diese Wand selbst erfahren. Was äußerlich erscheint, ist dann nicht unbedingt etwas für Zuschauer, es ist vielmehr ein Ausdruck dessen, was ich innerlich erfahre.«

Bedenken Sie dies, und ich bin überzeugt, es wird dem, was Paulus den Korinthern sagt, eine neue Tiefe geben. Er möchte nicht, daß die Christen sein äußeres christliches Verhalten kopieren. Nicht das Äußere eines Christen zählt, sondern uns so auf die innere Wirklichkeit einlassen, daß sie sich in unserem Reden und Verhalten ausdrücken wird.

Wie ein Vorbild aussieht

Beschließen möchte ich dieses Kapitel, indem ich Ihnen noch einige Beispiele zur Illustration dafür gebe, was es heißt, ein Vorbild im Kampf des Glaubens zu sein. Sie können Ihre Kinder in diesen Kampf mithineinnehmen. Dadurch lernen Sie sie auch besser kennen.

Bei der Arbeit

1980 gab ich meine Arbeit in einem Therapiezentrum auf, weil man sich dort mehr um Politik und Geld kümmerte als um die Menschen. Ich hatte keine andere Stellung, und wir hatten auch nur noch geringe finanzielle Reserven, von denen wir leben konnten. Unsere Mädchen fragten sich, ob wir wohl eines Tages auf der Straße stehen würden. Holly und ich sagten ihnen: »Dad hat beschlossen, seine Arbeit aufzugeben. Er stimmt nicht mehr überein mit der Art, wie die Leute dort behandelt werden. Die ganze Sache ist wirklich beunruhigend, weil wir auch nur noch wenige Ersparnisse haben, von denen wir nicht lange leben können. Aber Dad ist schon viel länger dort geblieben, als gut war, weil diese Stellung ihm Sicherheit gab. Doch wir vertrauen nicht auf Arbeitsstellen oder Geld, wir vertrauen Jesus. Er wird uns erhalten. Darum haben wir beschlossen, auf ihn zu vertrauen anstatt auf Dads Arbeit.« Und wissen Sie was? Gott war treu. Es ging uns gut, und meine Kinder konnten das auch sehen.

Im Dienst

Gelegentlich kommt es in Beratungssitzungen zu sehr harten Konfrontationen. Ich habe Angst, empfinde sogar ein wenig Übelkeit. Meiner Familie fällt es auf, wenn das so ist. Eine meiner Töchter fragt dann vielleicht: »Hey Dad, warum verhältst du dich so komisch?«

Ich versuche, eine Antwort zu geben, die ihr vielleicht ein wenig Einblick in meinen Kampf und mein Vertrauen gibt: »Merkt man das? Du hast recht, ich habe eine schwierige Sache vor mir. Und ich befürchte, daß mich einige Leute ziemlich ablehnen werden. Ich fürchte ihren Spott und ihr hartes Urteil, leider. Aber ich halte mich daran fest, daß Jesus alleine mich kennt. Darum werde ich die Sache durchziehen, auch wenn ich Angst davor habe. Ich möchte dich nur bitten, für mich zu beten, daß ich mich auch dann daran erinnere, wenn ich in den Sitzungsraum gehe.«

In der Erziehung

Manchmal reagiere ich zu stark auf etwas, das meine Töchter in der Öffentlichkeit tun, weil es mich verlegen macht und ich mich frage, was die Leute von mir als Vater denken. Hier eine Entschuldigung, die mir dann möglich ist, wenn ich fest auf Jesus schaue: »Ich entschuldige mich dafür, daß ich die Geduld mit dir verloren habe. Sicher hat mir nicht gefallen, wie du dich verhalten hast. Doch noch mehr Gedanken habe ich mir darüber gemacht, was die Leute von mir denken. Und das habe ich an dir ausgelassen. Es tut mir leid.«

In der Schule

Als eine unserer Töchter in der zweiten Klasse war, fiel ihr das Lesen sehr schwer. Eines Tages kam sie sehr traurig aus der Schule nach Hause. Wir fragten sie, was los sei, und unter Tränen erzählte sie uns, was vorgefallen war.

»Nachdem ich fertig gelesen hatte, fragte mich der Lehrer: ›Was ist los mit dir? Hast du im ersten Schuljahr vergessen, lesen zu lernen?‹«

Wir nahmen sie in den Arm und antworteten ihr: »Wir können verstehen, daß du traurig bist. Das hätte uns auch getroffen. Aber wir können dir eines verraten: Du bist intelligent genug, um die anderen im Lesen einzuholen. Ganz sicher. Wir werden mit deinem Lehrer sprechen und ihm sagen: ›Es ist schön, daß Sie sich um das Lesen unserer Tochter kümmern. Wir tun das auch. Aber es ist nicht in Ordnung, daß Sie sie vor allen anderen bloßstellen, nur weil sie momentan noch Schwierigkeiten mit dem Lesen hat.‹«

Unser kleines Mädchen holte im Lesen auf. Am Ende des Schuljahres kam der Lehrer auf uns zu und erzählte uns, daß unsere Tochter sich im Lesen gemacht hätte. Er dankte uns auch und meinte, er würde in Zukunft vorsichtiger sein mit dem, was er sagte.

Im Umgang mit Ihrer Familie

Nehmen wir einmal an, Ihre Eltern seien aufgebracht über die Art, wie Ihre Kinder sich bei ihnen zu Hause benehmen. Sie beschimpfen die Kinder in einer beschämenden Weise und deuten an, daß Sie als Eltern versagt hätten. Darauf könnten Sie antworten: »Das ist euer Haus, und es ist in Ordnung, daß ihr Einwände erhebt gegen das Benehmen der Kinder, wenn sie bei euch sind. Und ihr könnt sie auch bitten, ihr Verhalten zu ändern. Aber es ist nicht in Ordnung, sie – oder mich – herabzusetzen, weil sie sich nicht so verhalten, wie ihr das für richtig haltet. Ich liebe meine Kinder, und ich möchte, daß ihr sie mit Respekt behandelt. Wenn ihr wollt, können wir zusammen überlegen, wie wir sie zu einem anderen Verhalten bewegen können.«

Es ist schlimm, wenn man seine Kinder vor beschämenden oder sogar verletzenden Bemerkungen seiner Verwandten beschützen muß – aber ein verwandtschaftliches Verhältnis gibt jemandem noch nicht das Recht, einem anderen wehzutun.

Vermitteln Sie Ihren Kindern, wie wichtig es ist, sich an Jesus Christus zu halten – an das Leben und das Gefühl des Wertes, die aus dem Glauben an seine Liebe zu uns entstehen. Das ist der wichtigste Kampf unserer Kinder. Und wir als christliche Eltern sind dabei ihre wichtigsten Verbündeten.

»Erzieht sie in der Zucht und Weisung des Herrn.« Tun Sie es. Und denken Sie daran, es beginnt mit Ihrem eigenen Glaubenskampf; Sie können nichts weitergeben, was Sie selbst nicht haben, und es ist besser, eine lebendige Predigt zu sein als eine in die Länge gezogene.

Im Kapitel 10 werden wir uns überlegen, wie wir unsere Kinder freisetzen können, damit sie werden, zu was sie Gott geschaffen hat. Sie werden sich über ihre Entwicklung freuen!

Kapitel 10

Die Herzen Ihrer Kinder befreien

Alles, was ich über Erziehung wissen mußte, habe ich in der Hundeschule gelernt – Scherz beiseite, natürlich nicht alles. Aber jetzt habe ich hoffentlich Ihre Aufmerksamkeit gewonnen. Ich habe dort sehr viel gelernt, als ich meinem Hund das Apportieren beibrachte. Lassen Sie mich Ihnen erklären, was ich meine.

Ich habe einen schwarzen *Labrador*-Retriever mit Namen Mitzi. Holly und die Mädchen kauften ihn mir vor einigen Jahren als Vatertagsgeschenk. Beinahe hätten sie mir einen *Chesapeake Bay*-Retriever mit »einer guten Nase« gekauft. Dies ist die Art von Hund, die jeden Besucher beschnüffelt, der zur Tür hereinkommt – ein Hund, der jeden Stock, Knochen, jede Eichel, Blechdose und jeden Regenwurm ausgräbt, die er irgendwo unter der Erde entdeckt. Die Rasen von Männern, die Hunde mit »guten Nasen« besitzen, sehen entsprechend aus. Mitzi ist zu damenhaft für solche Mätzchen.

Ich beschloß, ihr das Apportieren beizubringen und kaufte mir ein Trainingsvideo. Der Ausbilder vermittelte mir einige hilfreiche Erkenntnisse, doch eines machte den größten Eindruck auf mich: »Sie brauchen einem Retriever das Apportieren nicht beizubringen. Retriever haben den Drang zu apportieren [engl. *retrieve*]. Diese Eigenschaft ist in seinem Namen bereits angedeutet.« Ich hielt das Band an und dachte darüber nach. Er hatte recht. Mitzi apportierte alles, was man für sie warf, und auch einige Dinge, die man nicht geworfen hatte. »Sie müssen eine Umgebung schaffen, in der Ihr Retriever seine bereits vorhandenen Anlagen bestmöglich gebrauchen kann«, schloß der Ausbilder.

Erziehung ist nicht dasselbe wie das Trainieren eines Hundes, obwohl einige Psychologen uns dies glauben machen wollen. Bei Tieren wird das Verhalten trainiert, man bringt ihnen durch Bestrafung und Belohnung bei, wie sie sich verhalten sollen. In der Erziehung geht es um Disziplin, das heißt, um das Disziplinieren. Es geht darum, den Kindern beizubringen, vernünftige, wenn möglich »weise« Entscheidungen zu treffen.

Ja, ich stimme damit überein, daß es notwendig ist, ein geeignetes Umfeld zum Lernen zu schaffen, und dies ist der dritte Aspekt der »Erziehung, wie sie im Buche steht«. Als gläubige Eltern können wir unseren Kindern am besten helfen, indem wir ihre Individualität respektieren und auf den Unterschieden aufbauen, die Gott in sie hineingelegt hat.

Wie können wir nun ein Familienumfeld schaffen, in dem sich die Kinder bestmöglich entfalten können?

Ihre »Eigenarten« erkennen

In Nord-Minnesota gibt es die *Boundary Waters Canoe Area.* Dieses Gebiet wird von Gesetz wegen als Wildnis erhalten. Motorfahrzeuge, Bauen und Holzfällen sind nur in begrenztem Maß erlaubt. Es ist eine natürliche Umgebung, in der man eine Vielzahl von Tieren sehen kann – Elche, Wölfe, Eisvögel, Biber und Adler. Vor etwa achtzehn Jahren fuhr ich in einem Kanu durch dieses Gebiet und entdeckte einen Adler. Ich war vollkommen gebannt von ihm und beobachtete fasziniert, wie er aufstieg, schwebte, nach Fischen tauchte und wieder aufstieg. Traurig erinnerte ich mich an die Adler, die ich in Gefangenschaft gesehen hatte. Unwillkürlich mußte ich denken: Was für ein großartiger Vogel ist ein Adler doch, wenn er wirklich ein Adler sein kann. Es gilt, um alles in der Welt dem Adler seine»Eigenart« erhalten.

In Sprüche 22,6 heißt es: »Erzieh den Knaben für seinen Lebensweg, dann weicht er auch im Alter nicht davon ab.« »Für seinen Lebensweg« müßte wörtlich übersetzt eigentlich heißen »nach seinem Weg«. Auch Kinder haben bestimmte Eigenarten an sich, genau wie die Adler.

Eine Umgebung schaffen, in der die Kinder sich entfalten können

Das Wort, das in dem Vers aus den Sprüchen mit »erziehen« übersetzt wird, wird auch verwendet, um den Umgang einer Hebamme mit einem Neugeborenen zu beschreiben. Wenn damals ein Baby geboren war, tauchte die Hebamme ihren Finger in süßen Trauben- oder Feigensaft und massierte den Gaumen des Kindes. Dies veranlaßte das Kind zu saugen. Dieser Drang ist den meisten Neugeborenen angeboren, doch manchmal muß man ihnen ein wenig auf die Sprünge helfen. Wenn Sie schon ein Kind haben, dann wissen Sie, daß eine Zeitlang das Saugen seine Hauptbeschäftigung ist. Doch manchmal muß man auch seine Wange reiben, um es zu interessieren.

Ein Baby für etwas zu interessieren, was es am liebsten tut: Das ist der Würzstoff für die Erziehung eines Kindes in seinen Eigenarten. Es geht nicht um die Schaffung einer Umgebung, die den Verhaltensergebnissen förderlich ist, die *Sie* haben möchten. Es geht nicht darum, Verhalten zu programmieren.

Wie können wir denn nun unsere Kinder ihren Eigenarten entsprechend erziehen? Dies ist möglich, wenn wir eine Umgebung schaffen, in der sie folgende Verhaltensweisen lernen können:

- ihr eigenes und das Geschlecht des anderen zu respektieren,
- sich zu entwickeln,
- ihrer einzigartigen Identität als Menschen entsprechend zu leben,
- ihrer Identität in Christus entsprechend zu leben.

Sie erziehen, ihr Geschlecht zu respektieren

Mädchen und Jungen sind gleichwertig. In vielen Familien gibt es die unausgesprochene Regel, daß Jungen wichtiger sind als Mädchen oder umgekehrt. Eine Frau erzählte mir, sie hätte früher jedesmal, wenn sie den Wagen haben wollte, zur Antwort bekommen, sie müsse zuerst ihren Bruder fragen, ob er ihn nicht brauchte. Doch der Wagen gehörte nicht ihrem Bruder, sondern den Eltern. Die Botschaft lautete: Jungen sind wichtiger als Mädchen. Und diese Botschaft ist falsch.

In einer anderen Familie lamentierten Onkel und Tante vor ihren Töchtern jedesmal, wenn sie ihre Neffen sahen, sie wünschten, sie hätten auch einen Jungen. Es ist in Ordnung, sich ein Mädchen oder einen Jungen zu wünschen. Seien Sie nur vorsichtig, welche Botschaft Sie den Kindern übermitteln, die Sie haben. Die folgenden Aussagen drücken Mißachtung des Geschlechts aus:

»Für ein Mädchen bist du recht gut in Naturwissenschaften.«

»Für einen Jungen hast du einen sehr guten Geschmack.«

Die Regel ist: Denken Sie über das nach, was Sie Ihren Kindern vermitteln. Und hüten Sie sich vor Verallgemeinerungen in bezug auf das Geschlecht: Nicht alle Männer sind unverantwortliche, nicht vertrauenswürdige Schurken – nur weil sie männlich sind wie Ihr gefühlloser Vater oder Onkel. Nicht alle Frauen sind übersensibel – nur weil Ihre Mutter Ihre Familie mit ihren emotionalen Ausbrüchen tyrannisiert hat. Denken Sie auf der Basis Ihres eigenen Verhaltens über die Botschaften nach, die Sie Ihren Kindern vermitteln.

Mädchen und Jungen sind gleich wichtig – und sie sind gleich rechenschaftspflichtig, gleich intelligent und gleich sensibel. Mädchen werden genau wie Jungen zur Rechenschaft gezogen. Sie sind verantwortlich für ihr Handeln. Mit dem Satz »Jungen sind eben Jungen« wird manchmal ein bestimmtes Verhalten entschuldigt, das für jeden unangemessen ist, für Jungen und Mädchen gleichermaßen.

Der verstorbene Harry Chapin schrieb ein Lied mit dem Titel: *Why Do the Little Girls?* [»Warum sind kleine Mädchen so?«]. Darin stellt er die Frage: »Warum wachsen die kleinen Mädchen so krumm auf, während die kleinen Jungen richtig groß werden?« Auf diese Frage schlägt er viele Antworten vor, darunter auch die folgende: »Den Jungen wird beigebracht, nach den Sternen zu greifen, den Mädchen, die Regale zu erreichen.« So etwas sollte es in Familien, die in der Gnade Gottes leben, niemals geben.

Wenn ich Söhne hätte, würde ich ihnen anbieten, mit ihnen zum Jagen, Fischen und Zelten zu gehen. Wenn ihnen diese Dinge nicht gefallen, würden wir zusammen Aktivitäten suchen, die uns allen Spaß machen. Ich habe Töchter, und ich biete ihnen an, mit ihnen zum Jagen, Fischen und Zelten zu gehen. Wenn ihnen das nicht gefällt, suchen wir Aktivitäten, die uns allen Spaß machen. Doch ich biete es wenigstens an. Sie sagen nein, wenn sie keine Lust haben. Nicht zu fragen, weil sie Mädchen sind, könnte ihnen den Eindruck vermitteln, Mädchen seien nicht so wichtig wie Jungen, nicht so willkommen in meiner Welt. Aber Mädchen sind wichtig.

Wenn meine Töchter und ich traurig über etwas sind, nehme ich sie in den Arm. Ich sage ihnen, daß es in Ordnung ist zu weinen, wenn sie traurig sind. Ich lasse sie wissen, daß ich bei ihnen bin. Wenn ich Söhne hätte, würde ich dasselbe tun. Männer sind häufig unsensibel, weil man ihnen als Kinder laut und deutlich zu verstehen gegeben hat, Jungen dürften nicht traurig sein. Wenn ich Söhne hätte, hätten sie den Freiraum, Wut zu empfinden und sie auch zu äußern. Wenn meine Töchter wütend sind, mache ich ihnen Mut, mir davon zu erzählen. Ich erinnere sie daran, daß sie in der Lage sind, weise Entscheidungen zu treffen, auch wenn sie zornig sind. Frauen leiden häufig unter Depressionen, weil man ihnen als Kinder beigebracht hat, es sei für ein Mächen nicht angebracht, starke Empfindungen, wie zum Beispiel Wut, zu zeigen.

Unterschiede respektieren

Söhne und Töchter sind immer unterschiedlich.Vor einigen Jahren kam mein Neffe Casey aus dem Mittelwesten, um seine Ferien zusammen mit uns in einem Haus am See zu verbringen. Dieser Besuch wurde zu einer sehr aufschlußreichen Erfahrung für unsere ganze Familie. Es stimmt, auch ich war einmal ein Teenager. Doch ich kann mich nicht erinnern, auch nur im entferntesten Casey ähnlich gewesen zu sein.

Wenn unsere vier Töchter morgens erwachten, blieben sie noch eine Weile im Bett und lauschten auf das Zwitschern der Vögel. Dann krabbelten sie aus dem Bett und kamen mit ihren Decken ins Wohnzimmer, um dort noch ein wenig zu kuscheln. Schließlich bekamen sie Hunger und gingen in die Küche, um sich etwas zu essen zu suchen. Jeder aß etwas anderes zum Frühstück. Die eine nahm Cornflakes, die andere Eier, die dritte Toast und Erdnußbutter und die vierte ein Marmeladenbrot. Mit dem Frühstück in der Hand kamen sie zurück ins Wohnzimmer, um in aller Ruhe zu essen. Keine Hektik. Immerhin waren Sommerferien.

Nicht so Casey. Casey wachte nicht auf und hörte auf das Gezwitscher der Vögel. Er war bereits vor den Vögeln auf. Dann schlich er sich wie ein Bomber auf geheimer Mission in die Küche, wo er sich eine Schachtel gezuckerte Cornflakes holte. Mit der Geschicklichkeit eines geübten Einbrechers war Casey wieder draußen. Keine Schweinerei, kein Beweis. Nur eine leere Stelle, an der die Cornflakes gestanden hatten.

Und Casey setzte sich zum Essen auch nicht hin. Er beugte sich über die Theke und stellte seine Ellbogen neben die Cornflakestüte. Ohne Kopf oder Ellbogen zu heben, schüttete er Cornflakes und Milch in seine Schüssel, nahm den Löffel und begann zu essen. Mit ungeheurer Geschwindigkeit schlang er die Cornflakes in sich hinein, bis seine Schüssel und die Schachtel leer waren.

Wichtig ist mir hierbei, daß der Unterschied zwischen Casey und meinen Töchtern in der Verhaltensweise, nicht in ihrer Persönlichkeit liegt.

Die Kinder dazu erziehen, ihrem Alter gemäß zu handeln

Vor einigen Jahren zogen wir in ein Haus ein, das ein Bauunternehmer für sich selbst gebaut hatte. Im Keller des Hauses hatte er eine Sauna eingerichtet, damit er sich aufwärmen konnte, wenn er an kalten Winterabenden nach Hause kam. Weder Holly noch ich gehen gern in die Sauna. Ich kann dort nicht atmen. Doch weil wir nun eine besaßen, fühlten wir uns verpflichtet, sie auch zu benutzen.

Eines Tages, während wir schwitzten – ich meine, uns vergnügten –, erschien Callie im Türrahmen. Zu jener Zeit war sie drei Jahre alt. Sie trug nur ihre Unterwäsche und verkündete, sie wolle uns Gesellschaft leisten.

Nachdem sie etwa zwanzig Sekunden dort mit uns gesessen hatte, stand sie auf und verkündete: »Das kann nicht gut sein, weder für Kinder noch für Erwachsene.« Und sie ging. Holly und ich blickten uns an – dann gingen wir auch. Kurze Zeit später rissen wir die Sauna heraus und machten aus dem Raum ein weiteres Schlafzimmer.

Es geht hier nicht um Saunen, sondern um die Tatsache, daß Callie mit drei Jahren ihrem Alter entsprechend handelte: Im allgemeinen ist es die Aufgabe von Kindern, Dinge wahrzunehmen und zu lernen. Was ist real? Was ist normal? Was tut weh? Was tut gut? Kinder sind großartige Beobachter, und sie können sehr gute Schlußfolgerungen aus ihren Beobachtungen ziehen – wenn man sie läßt.

Einer meiner Freunde erzählte mir etwas Trauriges über den Umgang seiner Mutter mit seinen Kindern. »Meine Mutter mochte meine Kinder, bis sie zwei wurden«, vertraute er mir an. »Sobald sie gelernt hatten, ›nein‹ zu sagen, schien es, als wolle sie nichts mehr mit ihnen zu tun haben. Wann immer sie ›nein‹ sagten oder auch nur nach einem Grund fragten, sagte sie: ›Du meine Güte, ist dieses Kind eigensinnig!‹

Jetzt ist mein Sohn dreizehn und will dieselben Schuhe tragen wie seine Freunde. Nun sagt sie: ›Was ist nur los mit ihm? Hat er keine eigene Meinung?‹ Man kann ihr nichts recht machen«, beklagte er sich.

Diesem Freund ist noch nicht klargeworden, daß es kein Verhalten gibt, weder auf seiner Seite noch auf der seiner Kinder, das seiner Mutter recht wäre. Auch kennt er sich in den verschiedenen Entwicklungsphasen von Kindern nicht gut aus, sonst wüßte er, daß es für Zweijährige richtig ist, »nein« zu sagen. Das brauche ich niemandem, der ein zweijähriges Kind gehabt hat, zu sagen. Das ist nun mal der »Job« eines Zweijährigen. Und es ist unser »Job«, ihm in diesem Lernprozeß zu helfen.

Den Kindern in ihrer Entwicklung beistehen

Ganze Buchreihen sind über die Entwicklungsphasen von Menschen geschrieben worden. Das beste Buch zu diesem Thema, das ich kenne, ist *Self-Esteem: A Family Affair* [»Selbstachtung: eine familiäre Angelegenheit«] von Jean Illsley Clarke (Harper & Row Publishers, 1985). Dort wird uns in verkürzter Form wiedergegeben, was normal entwickelte Menschen in den verschiedenen Altersstufen begreifen und tun können. So kann es uns zum Beispiel nicht passieren, daß wir von einer Zweijährigen das Verhalten einer Sechsjährigen erwarten. Wenn Sie mehr darüber wissen wollen, was entwicklungsgemäß für ein Kind »normal« ist, sollten Sie Jean Clarke lesen.

Wie können wir den Kindern nun in ihrer Entwicklung beistehen? Wenn unser Kind schreit, dann ist das sein Job. Ein Baby teilt uns einfach nur mit, daß es ein Bedürfnis hat. Ein Kleinkind lernt, durch Fragen zu bekommen, was es möchte. Unsere Aufgabe ist es herauszufinden, welches Bedürfnis es ist und dieses zu befriedigen, und nicht, Ruhe zu erwarten. Wenn wir die Bitte und die Reaktion entschlüsselt haben, lernt das Kind zu vertrauen. Ich glaube nicht, daß es möglich ist, dadurch ein Kind zu verwöhnen – und denken Sie nur daran, wie beschämend es ist, jemanden als »verwöhnt« zu bezeichnen.

Wenn ein Zweijähriger »nein« sagt, dann findet er heraus, daß er eine eigenständige Persönlichkeit ist, mit einem eigenen Willen und einer eigenen Meinung. Obwohl die meisten gläubigen Eltern dazu erzogen wurden, bei diesem Gedanken zu protestieren, ist es unsere Aufgabe, ihnen zu helfen, ein entschiedenes »Nein« zu entwickeln. Sie werden ein starkes »Nein« brauchen, wenn sie vierzehn Jahre alt sind und jemand mit ihnen sexuell intim werden will oder ihnen eine Flasche Alkohol in die Hand drückt. Unsere Aufgabe ist es, Gelegenheiten zu erkennen, um ihr »Nein« zu trainieren – nicht, sie ihres Willens zu berauben, weil wir als Eltern die Autorität behalten wollen.

Ich möchte hier keineswegs sagen, daß wir unseren Kindern gestatten sollen, ungehorsam zu sein, Regeln zu mißachten oder selbstsüchtig zu sein. Doch anstatt darüber traurig zu sein, daß sie in einem »schrecklichen Alter« sind, sollten wir beginnen, das »Nein« unseres Kindes als Signal seiner Entwicklung zu einer Persönlichkeit zu sehen. Suchen Sie in diesem Licht aktiv nach Gelegenheiten, die Ihr Kind nutzen kann, um sein »Nein« zu üben, wenn ein »Nein« auch angebracht ist. Fragen Sie z. B., ob Sie seinen Nachtisch essen dürfen, ob Sie den Zoobesuch ausfallen lassen sollen oder ob es zu Mittag Haferschleimsuppe geben soll. Wenn es höchstwahrscheinlich »nein« sagt, ist das für beide Seiten kein Drama, sondern in Ordnung.

Eines Tages kam unsere damals vierjährige Erin in unser Schlafzimmer und streckte uns ihre Hand entgegen. »Ich habe das Feuerding berührt«, krächzte sie.

»Zeig es uns«, sagten wir, und Erin führte uns zu einer halb aus der Wand gerissenen Steckdose. Sie hatte ihren Finger dahinter gesteckt und einen Schlag bekommen. Sie tat nur, was in ihrem Alter alle Kinder tun müssen: Sie erforschte ihre Umwelt – und berührte dabei die Steckdose. Unsere Aufgabe wäre es gewesen, ihre Umgebung sicher zu machen, damit sie ihrem Forschungstrieb nachgehen konnte. Unsere Aufgabe wäre es ganz und gar nicht gewesen, sie für ihren Forscherdrang zu bestrafen.

Wenn unsere elfjährige Tochter bestimmte Regeln in Frage stellt und sie sogar bricht, dann tut sie nur, was ihre Aufgabe ist. Sie forscht nach, ob es Dinge in der Welt gibt, auf die man sich verlassen kann, Gebote, auf die sie zählen kann. Unsere Aufgabe ist es, ihr durch unser Familiengefüge oder unsere Reaktion auf ihr Verhalten zu zeigen, daß es tatsächlich feste Regeln gibt. Es ist nicht unsere Aufgabe, ihren Forscherdrang zu kontrollieren. In unserer Familie kann sie darauf zählen, daß sie für ihre Entscheidungen auch verantwortlich ist. Sie kann fest damit rechnen, Konsequenzen zu erfahren, die ihr helfen sollen, mehr über das Leben zu lernen. Und sie weiß, daß sie geliebt und als Person akzeptiert ist, auch wenn uns ihr Verhalten nicht gefällt.

Es ist Sache eines achtzehnjährigen Menschen, sein Elternhaus zu verlassen. Dieser Lernprozeß beginnt mit dem Teenageralter. Teenager machen Pläne, bei einem Freund oder einer Freundin zu schlafen. Sie tun es, indem sie Dinge ohne die Eltern unternehmen. Unsere Aufgabe ist es, ihnen dabei zu helfen. Wir tun dies, indem wir sie den Führerschein machen lassen und mit ihnen üben. Wir tun es, indem wir sie ermutigen, sich einen Job zu suchen und indem wir ihnen mehr Entscheidungsfreiheit zugestehen. Es ist nicht unsere Aufgabe, sie unter allen Umständen zu Hause zu halten. Das wäre nur noch schmerzlicher für Eltern und Kind, denn beide sind bereits verängstigt und verwirrt. Ich habe Menschen in der Beratung gehabt, die ihre Kinder bei sich behalten haben. Und jetzt haben sie einen sechsundzwanzigjährigen Sohn, den sie nur zu gern aus dem Haus haben würden, doch er ist nun fest in seinem Elternhaus verwurzelt.

Die Kinder dazu erziehen, ihren Anlagen entsprechend zu leben

Wie wir gesehen haben, ist die Erziehung eines zweijährigen Kindes anders als die eines zwölfjährigen. Aber nicht nur das. Unabhängig vom Alter muß man auch jedem einzelnen Kind gerecht werden. Diese Aufgabe macht es erforderlich, daß man die individuelle Identität seines Kindes erkennt und ihm hilft, seinen Anlagen entsprechend zu leben.

Wie ihre Schwestern ist unsere jüngste Tochter Callie sehr kreativ. Sie schreibt gerne Geschichten, zeichnet, schnitzt und töpfert gern und macht eigentlich aus allem etwas. In der Gemeinde, in der ich aufgewachsen bin, hätten die Leute gesagt, Callie sei selbstsüchtig. Mir als Elternteil hätte man geraten, darauf zu achten, daß sie sich nicht in ihr »Ego« versenkt, sondern in Gott. Anstatt zu malen sollte sie Bibelverse auswendig lernen und sich aufs Missionsfeld vorbereiten. Aber Callie braucht nicht zurechtgetrimmt werden, sie ist in Ordnung. Meine Aufgabe als Elternteil ist es nicht, sie zu einem Menschen meiner Wünsche zu formen, sondern ihr zu helfen, die Künstlerin zu werden, zu der Gott sie bestimmt hat. Menschen sollen einmal, wenn sie ihre Kunst sehen und die Freiheit und Freude, mit der sie kreativ tätig ist, in unserem kleinen Mädchen ein Bild des Schöpfers selbst erkennen können.

Callie ist auch sehr gut in der Schule. Sie bekommt immer Auszeichnungen für gute Zusammenarbeit mit ihren Klassenkameraden, für ihre hervorragenden Noten und die Bereitschaft, auch zusätzliche Aufgaben zu übernehmen. Doch wir haben beobachtet, daß sie nur selten etwas tut, um die Aufmerksamkeit auf ihre Leistungen zu lenken. Die Auszeichnungen bleiben in ihrer Schultasche oder verschwinden. Sie brüstet sich nicht damit. Da wir diese Eigenschaft an ihr bemerkt haben, wissen wir, daß es unsere Aufgabe ist, von ihren Erfolgen Kenntnis zu nehmen. Auf diese Weise können wir ihr ins Gedächtnis rufen, wie begabt sie ist und sie wegen ihrer Arbeiten loben. Wir können sie auch immer daran erinnern, daß Jesus sie zu etwas Besonderem gemacht hat – auch dann, wenn sie schlechte Zensuren bekommt und traurig darüber ist, aber nichts davon sagt.

Kara, unsere Älteste, begann erst mit achtzehn Monaten zu laufen. Sie war besonders vorsichtig, damit sie nicht hinfiel, doch man kann das Laufen nicht lernen, wenn man nicht bereit ist, auch einmal hinzufallen. Uns ist aufgefallen, daß diese Vorsicht sich auch auf Beziehungen überträgt, und daß es ihr manchmal schwerfällt, etwas Neues auszuprobieren. Weil wir dies wissen, können wir sie in dieser Richtung unterstützen.

Was Kara an motorischem Geschick fehlte, glich sie durch ihre verbalen Fähigkeiten aus. Schon mit acht Monaten konnte sie ein wenig sprechen, verstehen noch mehr. Wir ließen sie schließlich testen, um sie früher einzuschulen, weil wir sie zu Hause nicht mehr ausreichend fördern konnten.

Erin konnte genauso gut sprechen wie Kara – doch manchmal folgte sie unseren verbalen Anweisungen nicht. Wenn wir sie baten, ein bestimmtes Teil aufzuheben und auf ein Regal zu legen, dann hob sie es zwar auf und verließ das Zimmer. Später stellten wir dann fest, daß das Teil immer noch nicht auf dem Regal lag. Wir machten uns Sorgen, darum ließen wir Erin, als sie im selben Alter war wie Kara, ebenfalls testen. Das Ergebnis war erstaunlich: Die Resultate waren genauso gut wie die von Kara. So fragten wir den Therapeuten, wie die Diskrepanz zwischen Erins Verhalten und ihrem Ergebnis zustande käme. »Kara konnte bestimmte Dinge schon tun, als sie erst acht Monate alt war«, meinte Holly. »Warum kann Erin nicht dasselbe tun, wo sie doch schon vier Jahre alt ist?«

»Ganz einfach«, erwiderte der Therapeut. »Erin macht sich nichts daraus, etwas wegzuräumen.«

Da ging uns ein Licht auf: Erin waren nicht dieselben Aufgaben wichtig wie uns.

»Ihr Test zeigt, daß sie überaus neugierig und an ihrer Umwelt interessiert ist. Ich schätze, daß sie sich auf dem Weg zum Schlafzimmer von dem Muster der Tapete ablenken läßt«, erklärte der Therapeut, »oder von dem Rascheln der Blätter draußen vor ihrem Fenster. Kara ist mehr aufgabenorientiert, Erin mehr empfindungsorientiert.«

Wenn es an der Zeit ist, eine bestimmte Aufgabe zu erledigen, kann man zu einem aufgabenorientierten Kind sagen: »Bitte spüle das Geschirr, und wenn du damit fertig bist, kannst du spielen gehen.« Das Kind wird die Aufgabe verrichten und spielen gehen. Wenn man diese Anweisung einem empfindungsorientierten Kind gibt, wird es nie zum Spielen kommen. Und es würde sich von der Aufgabe überfordert fühlen. Einem solchen Kind könnten Sie sagen: »Geh jetzt bitte in die Küche und spüle zehn Minuten lang das Geschirr. Ich stelle die Eieruhr. Wenn die zehn Minuten um sind, kannst du eine halbe Stunde lang spielen gehen. Danach kannst du hereinkommen und noch ein wenig arbeiten.«

Bitte machen Sie sich klar, daß wir an diesem Punkt unserer Erziehung zwei Kinder miteinander vergleichen. Das sollte man eigentlich nicht tun. Dadurch werden sie angeregt, ihren Wert in der Beziehung zueinander zu suchen anstatt dort, wo wirklich ihr Wert liegt.

Dann gibt es die Kinder mit einem starken Willen. Kindern wird diese Eigenschaft zugeschrieben, weil sie sich oft hartnäckig weigern, ihre Aufgaben zu verrichten. Ein Mensch mit einem starken Willen, der mit dem ihn umgebenden System zusammenarbeitet, wird es mit Sicherheit zu etwas bringen. Dessen ungeachtet ist ein Kind mit einem starken Willen einfach nur ein Vierjähriger, der bereits erkannt hat, was die meisten Kinder erst im Teenageralter mitbekommen: »Mama und Papa, ihr könnt nicht so über mich bestimmen, wie ihr euch das gedacht habt.«

In unserer Familie fällt Jesi in diese Kategorie. Sie fragt nach Gründen, drängt, stellt in Frage, probiert aus, drängt weiter. Jesi möchte selbst bestimmen. Der Versuch, sie zu kontrollieren, endet meist in einem häßlichen Machtkampf. Manchmal ist es tatsächlich eine gute Strategie, ihr die Kontrolle zu überlassen, und auch weniger ermüdend.

Als sie zum Beispiel im ersten Schuljahr war, erzählte uns die Lehrerin in einer Besprechung, daß die Schüler sich beschwerten, weil Jesi den vor ihr sitzenden Mitschüler ständig ärgerte. »Haben Sie die Schüler veranlaßt, ihr zu sagen, daß sie damit aufhören soll?« fragte ich.

»Oh, ich würde sie nie in eine solche Verlegenheit bringen«, erwiderte die Lehrerin.

»Dann haben Sie ihr sicher gesagt, daß das, was sie tut, nicht in Ordnung ist?« fuhr ich fort.

»Oh nein, das würde sie in eine schwierige Situation bringen«, antwortete die Lehrerin.

»Wie gehen Sie denn damit um?« fragte ich.

»Jede Woche verändere ich die Sitzordnung der Schüler. Auf diese Weise ist nicht offensichtlich, daß Jesi ein Problem darstellt.«

Ich preßte die Lippen aufeinander, und ohne, daß Holly mich auch nur angeschaut hätte, legte sie ihre Hand auf mein Knie und flüsterte mir zu: »Reg dich nicht auf!«

»Ich habe den Eindruck, daß Jesi alles unter Kontrolle hat, und sie wird Sie dazu bringen, diese ständige Veränderung der Sitzordnung das ganze Jahr über beizubehalten«, meinte ich. »Sie benimmt sich daneben, aber Sie und die anderen Schüler müssen darunter leiden.«

»Was sollte ich denn Ihrer Meinung nach tun?« fragte die Lehrerin.

»Wenn das noch einmal passiert«, begann ich, »sagen Sie Jesi, daß sie selbst über die Folgen zu bestimmen hat.« Ich habe ihr folgendes vorgeschlagen: Jesi kann entscheiden, ob sie aufhören will, die anderen zu ärgern, dann könnte sie mit ihren Mitschülern während der Pause an besonders attraktiven Spielen teilnehmen, oder sie könnte sie auch weiterhin ärgern, dann würde sie in der Pause an ihrem Tisch sitzen bleiben müssen und all das Lustige und Interessante verpassen. Ich bat die Lehrerin, Jesi zu versichern, daß sie in der Lage sei, die richtige Entscheidung zu treffen.

»Denken Sie, das wird helfen?« fragte die Lehrerin.

»Ja«, erwiderten wir.

Bei dem nächsten Elternsprechtag meinte die Lehrerin: »Ich kann es kaum glauben, aber es hat tatsächlich funktioniert.«

Es gibt einige Menschen, die sich wünschen, wir würden Jesis starken Willen brechen. Jesi ist nicht schlecht, sie ist nur wagemutig. Unsere Aufgabe ist es nicht, sie zu kontrollieren und sie zu einem willfährigeren Menschen zu machen. Unsere Aufgabe ist es, eine Umgebung zu schaffen, in der Jesi sie selbst sein kann.

Die Kinder lehren, wer sie in Christus sind

Wenn Ihre Kinder an Gott glauben, sind sie eine neue Schöpfung (1 Kor 5,17). Sie sind wiedergeboren, erwählt und in Gottes Familie aufgenommen worden, weil er sie so sehr liebt. Weil sie ein »neues Herz« haben, sind sie in der Lage, Überzeugungen, Wertmaßstäbe und Verhaltensweisen zu haben, die Gott gefallen. Gläubige Kinder sind in der Lage, den Kampf des Glaubens auszutragen. Das ist ihre Sache. Unsere Aufgabe ist es, ein Umfeld zu schaffen, in dem sie lernen können, im Einklang mit ihrem »neuen Herzen« und dem Heiligen Geist zu leben, der in ihnen lebt. (Es gibt ein hervorragendes Buch, in dem Eltern gezeigt wird, wie sie ihren Kindern helfen können, eine korrekte, biblische Sichtweise ihrer Persönlichkeit zu entwickeln. Der Titel lautet »Du bist Du« von Robert S. McGee, Projektion J, Wiesbaden 1994. Es kann den Kindern helfen, unrichtige Auffassungen vom Selbstwert und seinem Ursprung zu entwirren und ihnen zeigen, wer sie in Christus sind.)

Sie können Ihren Kindern am besten in ihrer Entwicklung beistehen, wenn Sie wissen, was diese zu bewältigen haben. Salomo sagt:

> »Drei Dinge sind mir unbegreiflich, vier vermag ich nicht zu fassen: den Weg des Adlers am Himmel, den Weg der Schlange über den Felsen, den Weg des Schiffes auf hoher See, den Weg des Mannes bei der jungen Frau« (Spr 30,18.19).

Es ist offensichtlich, daß der Schreiber genügend Zeit damit verbracht hat, diese Dinge zu beobachten, um sich von ihnen in Erstaunen versetzen zu lassen. Ich möchte alle Eltern auffordern, dieser Liste noch einen fünften Punkt hinzuzufügen. Das ist die Eigenart eines jeden Kindes: Jedes ist von Gott auf ganz bestimmte Weise erschaffen worden. Allein dadurch, daß Sie dies erkennen und auf dem aufbauen, was Gott in Ihr Kind hineingelegt hat, können Sie ihm helfen, so zu werden, wie Gott es haben möchte.

Ihre erste Pflicht als Eltern ist es, sich Ihrer selbst anzunehmen. Ein Elternteil, der das Gefühl hat, umsorgt zu sein, der weiß, daß er in Gott ruhen kann, ist seinen Familienmitgliedern eine angemessenere Hilfe und wird seltener versuchen, durch Kontrolle und Manipulation in dem Verhalten anderer Zufriedenheit zu finden. In verhaltensorientierten Familien wird häufig ein Umfeld geschaffen, in dem Eltern und Kinder nur zu leicht straucheln – das heißt, sie versagen und wollen schließlich aufgeben. In Kapitel 11 werden wir sehen, welche Falle dies ist und damit beginnen zu lernen, wie man dieser Falle entkommen kann. Mit diesem Verständnis werden Sie eine Familie aufbauen, die stärker und freier in der Kraft des Heiligen Geistes ist.

Kapitel 11

Kinder so ausstatten, daß sie nicht »straucheln«

Jesus machte einmal eine recht alarmierende Aussage – eine Aussage, mit der sich gläubige Eltern einmal näher beschäftigen sollten: »Wer einen von diesen Kleinen, die an mich glauben, zum Bösen verführt, für den wäre es besser, wenn er mit einem Mühlstein um den Hals im tiefen Meer versenkt würde« (Mt 18,6).

Als ich diesen Vers früher gehört habe, stellte ich mir immer eine schwarze Limousine vor, die neben einem meiner Kinder anhält. Die getönte Scheibe wird heruntergelassen. Langsam streckt ein gemeiner Schurke seine Hand aus dem dunklen Innern und bietet meiner Kleinen Drogen und Sex an als Mittel, ihre Bedürfnisse zu befriedigen. Ja, es ist tröstlich zu wissen, daß Jesus sich gegen böse Leute ausspricht, die den Körper und die Seele unserer Kinder haben wollen. Nie ist mir jedoch in den Sinn gekommen, daß dieser Vers vielleicht auch an mich gerichtet ist.

Wenn wir uns das 18. Kapitel im Matthäusevangelium näher ansehen, erkennen wir, daß Jesus nicht zu Drogendealern und Mädchenhändlern spricht – er spricht zu seinen Jüngern. Das waren Leute, denen die Dinge Gottes am Herzen lagen und die darin unterwiesen worden waren, anderen den richtigen geistlichen Weg zu Gott zu zeigen. Ist es möglich, daß Jesu Jünger in der Gefahr standen, sich von ihm abzuwenden und von den »leeren« Dingen dieser Welt ihr Glück zu erwarten?

Es hat den Anschein, als würde Jesus genau davor warnen. Jesus spricht davon, andere zum Bösen zu verführen und wendet sich dabei an Menschen, die sich nie träumen lassen würden, so etwas zu tun.

Dies bringt uns zum vierten Prinzip der »Erziehung, wie sie im ›Buche‹ steht«: Verführen Sie die Kleinen nicht zum Bösen. Ich nehme an, daß Sie liebevolle Eltern sind, deren Hauptsorge es ist, daß Ihre Kinder an Jesus glauben und zu gesunden Erwachsenen heranreifen.

Sich den Kontext ansehen

»Wer ist im Himmelreich der Größte?« Mit dieser Frage der Jünger wird ihr Gespräch eröffnet – eine Frage der Verdienste. Jesus macht sich nicht die Mühe, auf diese Frage einzugehen. Sie ist so schrecklich daneben. Statt dessen gebraucht er ein sichtbares Hilfsmittel, um seine Entgegnung zu verdeutlichen – ein wenigstens vier Jahre altes Kind (das geht aus dem verwendeten griechischen Wort hervor).

Zweifellos sah das Kind aus wie eines unserer Kinder in diesem Alter ausgesehen hätte: mit zerschundenen Knien, einer Rotznase und wirrem Haar.

»Wenn ihr nicht umkehrt und wie die Kinder werdet, könnt ihr nicht in das Himmelreich kommen. Wer so klein sein kann wie dieses Kind, der ist im Himmelreich der Größte« (Mt 18,3f).

Machen Sie sich klar, daß Jesus keinesfalls von Verhaltensmaßstäben spricht, nach denen die Jünger als Juden des ersten Jahrhunderts erzogen worden waren. Vielmehr beantwortete er die Frage, wie man ins Himmelreich kommt, etwa folgendermaßen: Um hineinzukommen, müßt ihr wie ein Kind werden. Wenn ihr wie die Kinder seid – anspruchslos, einfach, offen – dann seid ihr die Größten. Darum ist jeder der Größte, der zu leben lernt, indem er Leben in Gott sucht.

Diese Antwort war an die Leute gerichtet, die dazu bestimmt waren, nach Jesu Himmelfahrt seinen Dienst fortzusetzen. Ich denke, Jesus war sehr besorgt, daß seine Jünger sich Gedanken darüber machten, wie sie Punkte in einem Himmelreich sammeln konnten, in dem es keine Punkte zu verdienen galt. Darum brachte er auch dieses Thema des einfachen Vertrauens auf, durch das wir in den Himmel kommen. Und ich glaube, daß Jesus sich Gedanken machte um jene, zu denen die Jünger die Botschaft des Reiches Gottes bringen würden, nachdem er fort war. Wollten sie sich nicht immer noch Verdienste bei Gott schaffen? Jesus wollte nicht, daß sie andere dazu brachten, mit dem verkehrten Fuß zu beginnen. Wenn sie neue Gläubige auf den falschen Weg brachten, nachdem sie selber sich durch die Gnade den Himmel gesichert hatten, würden sie sich schuldig machen, diese »Kleinen zum Bösen verführt« zu haben.

Was es bedeutet, zum »Bösen zu verführen«

Ein Mensch strauchelt, wenn sein Blick auf etwas Bestimmtes gerichtet ist und ein Hindernis vor seine Füße gelegt wird. Auffallend ist, daß Jesus sich auf die »Kleinen« bezieht, »die an mich glauben« – die auf Jesus als ihre Quelle vertrauen. Sie verlassen sich auf ihn, suchen in ihm ihre Sicherheit, Identität und ihr Selbstwertgefühl. Es ist leicht zu sehen, daß die Person in der schwarzen Limousine eine Gelegenheit anbietet, an Jesus vorbeizusehen: zu Drogen oder Sex zu greifen, um Bedürfnisse zu befriedigen, wird jene, die an Jesus glauben, sehr leicht zu Fall bringen.

Aber ich denke, daß Paulus uns die eigentliche und beste Erklärung gibt für die Bedeutung des Begriffs »zum Bösen verführen«. Er schreibt: »Was heißt das nun? Heiden, die die Gerechtigkeit nicht erstrebten, haben Gerechtigkeit empfangen, die Gerechtigkeit aus Glauben. Israel aber, das nach dem Gesetz der Gerechtigkeit strebte, hat das Gesetz verfehlt. Warum? Weil es ihm nicht um die Gerechtigkeit aus Glauben, sondern um die Gerechtigkeit aus Werken ging« (Röm 9,30-32). Sehen Sie? Man kommt zu Fall, wenn man Gerechtigkeit durch Werke zu erlangen sucht.

Das bedeutet, daß wir nicht von einer schwarzen Limousine sprechen. Wir sprechen von einer weißen Limousine mit einem vom Rückspiegel herabhängenden Kreuz und einem Aufkleber, auf dem steht: »Jesus an die erste Stelle«. Doch wenn sich das Fenster öffnet, sagt die Stimme aus dem Innern, positives, religiöses Verhalten sei der Weg, auf dem wir Gottes Anerkennung erreichen könnten. Ja, uns wurde die Errettung als Geschenk angeboten. Doch jetzt müssen wir, um Gott bei Laune zu halten, regelmäßig zum Gottesdienst gehen, genügend Geld geben und anderen dienen. Werke rücken in das Blickfeld – und Menschen, die nicht auf ihren Weg achten, kommen zu Fall oder werden zum Bösen verführt.

Hier eine zutreffendere Übersetzung unserer Schriftstelle (Mt 18,6):

> »Und wer immer eines von jenen Kleinen, die an mich glauben, dazu bringt, Gottes Anerkennung durch gutes Verhalten erlangen zu wollen, für den wäre es besser, wenn er mit einem Mühlstein um den Hals im tiefen Meer versenkt würde, ganz weit vom Land entfernt, wo niemand mehr hinkommt.«

Welches Gefühl ruft eine solche Interpretation in uns als gläubigen Eltern und Christen wach?

Die Geschichte zweier Familien

Welches ist denn nun der Unterschied zwischen christlicher Erziehung, die »diese Kleinen zum Bösen verführt« und der, die sie erzieht »in der Zucht und Weisung des Herrn«? Man könnte auch sagen, der Unterschied zwischen Familien, in denen der »Fluch« wirksam ist, und Familien, in denen die Gnade wirksam ist. Diese beiden Erziehungsarten unterscheiden sich in vieler Hinsicht. Die Hauptunterschiede lassen sich in drei Kategorien aufteilen: Erziehungsziel, Methode, erhofftes Ergebnis. Dies kann durch die folgende Tabelle verdeutlicht werden:

Ergebnis:	**scheitern**	**aufwachsen mit Jesus**
Erziehungsziel:	eine Umgebung der Kontrolle schaffen	eine Umgebung der positiven Befähigung schaffen
Methode:	»blockieren« und bestrafen	mit gnade-erfüllten Beziehungen umgeben
Erhofftes Ergebnis:	Menschen, die gesund wirken	Menschen, die gesund sind

Unterschiedliche Erziehungsziele

Erziehung, in der der »Fluch« wirksam ist

Das Ziel vieler Eltern ist, das Verhalten ihrer Kinder zu kontrollieren. Sie werden sich erinnern, daß die entscheidende Dynamik des »Fluchs« das Verlangen ist, andere zu kontrollieren. Und das wird ausgelebt, sobald sich eine Person über eine andere stellt. Diese Eltern fühlen sich immer verantwortlich für die Entscheidungen ihrer Kinder, aber nicht immer für ihre eigenen. In einer solchen Umgebung rechtfertigt das Ziel die Mittel. Darum ist es richtig, wenn die Eltern wüten, manipulieren oder sich auf andere Weise unangemessen verhalten, um das erhoffte Benehmen zu erreichen. Sie schlagen ihre Kinder, um sie dazu zu bringen, sich nicht mehr gegenseitig zu schlagen. Sie brüllen ihre Kinder an, um sie zum Schweigen zu bringen. Sie beschimpfen sie, damit die Kinder keine Schimpfwörter mehr in den Mund nehmen. Und solche Eltern sind erschöpft.

Wenn wir uns als Eltern zu sehr verantwortlich fühlen für das Verhalten unserer Kinder (und nicht verantwortlich genug für unser eigenes Verhalten als Eltern), berauben wir sie ihrer Eigenständigkeit. Wir hindern sie daran, tüchtig zu werden, wir ermutigen sie, für ihr Handeln keinerlei Verantwortung zu übernehmen und wir provozieren sie zu gärendem Zorn. Diese Art von Erziehung läßt die Kleinen scheitern, weil sie eine Umgebung schafft, in der die Kinder lernen, etwas vortäuschen zu müssen, um geliebt und angenommen zu sein. Liebe und Annahme sind aber ein Geschenk, das Jesus uns gemacht hat; sie können nicht verdient werden.

Erziehung, in der die Gnade sich auswirken darf

Das Ziel dieser Erziehung ist es, ein Umfeld zu schaffen, in dem die Kinder zu allem befähigt werden, was das Leben von ihnen verlangt. Jesus sagte den Jüngern: »Aber ihr werdet die Kraft des Heiligen Geistes empfangen, der auf euch herabkommen wird« (Apg 1,8). Wie ich bereits gesagt habe, ist die größte Quelle der Kraft, die den Menschen helfen kann, sich den Problemen des Lebens zu stellen, das Angebot, »sich unablässig mit dem Geist füllen zu lassen«. Darum suchen Eltern, in deren Leben die Gnade wirksam ist, nach Gelegenheiten, ihre Kinder immer wieder daran zu erinnern, Leben und Erfüllung allein bei Jesus zu suchen.

Auf der Ebene des konkreten Lebens drückt eine ganze Reihe von Worten diese Zurüstung durch den Heiligen Geist aus: dienen, ausrüsten, erbauen, vorbereiten, freisetzen, helfen, Gelegenheiten bieten. Alle diese Hilfen gehören zu einer Erziehung, die Kinder innerlich stark macht und für das Leben befähigt.

Als Kara in der ersten Klasse war, sollte sie an einem Sonderunterricht in der Schule teilnehmen. Die Lehrerin wollte jeden Tag jemanden schikken, der Kara holen sollte, doch sie vergaß es häufig, und Kara verpaßte den Unterricht. Eines Tages kam Kara traurig zu Holly und mir und sagte: »Ich habe ein großes Problem. Ich sollte an diesem Unterricht teilnehmen, doch ich habe ihn schon zwei Wochen lang verpaßt. Jemand soll mich abholen, aber es kommt niemand.«

»Sprich mit der Lehrerin, Kara – du kannst es«, sagten wir.

»Ich habe Angst«, entgegnete sie.

»Wir möchten, daß du mit ihr sprichst«, sagte Holly. »Einer von uns kann dich ja begleiten, aber du mußt sprechen.«

So begleitete ich Kara in die Schule und hielt sie an der Hand, als wir zu dem Gespräch mit der Lehrerin gingen.

»Hallo«, begann ich, »ich bin Karas Vater. Sie hat Ihnen etwas zu sagen.« Ich blickte sie an. Das war ihr Stichwort.

Sie schluckte und erzählte ihre traurige Geschichte.

Die Lehrerin entschuldigte sich und sagte Kara, sie sei froh, daß sie mit ihr gesprochen hätte. Dann blickte die Frau mich an. Ich sagte: »Vielen Dank. Auf Wiedersehen.«

Das war alles, was ich sagte. Ich brauchte nicht mit der Lehrerin zu sprechen. Auf dem Heimweg sagte ich Kara, daß sie das großartig gemacht hätte, und ich hob hervor, wie stolz ich darüber sei. Es war Karas Aufgabe, mit der Lehrerin zu sprechen; doch meine Aufgabe war es, ihr Mut zu machen, es zu tun, das heißt, ihr etwas von meiner Kraft abzugeben, damit sie ihre Aufgabe erledigen konnte.

Befähigung wird erreicht durch Übung, nicht durch Kontrolle. Ein Jünger ist jemand, der gelernt hat zu tun, was sein Meister ihm beigebracht hat. Ich hoffe, daß ich als Erwachsener in der Lage bin, mich verbal mit jemandem auseinanderzusetzen. Meine Aufgabe als Vater ist es, meinen Töchtern dies vorzuleben, damit sie in der Lage sind, dasselbe zu tun, wenn sie Streit haben. Mit anderen Worten, meine Hauptaufgabe ist es, meinen Kindern ihren Anteil an ihrer Entwicklung klarzumachen. Eltern, die ihre Kinder auf diese Weise aufbauen, müssen sich deswegen genauso einsetzen, doch sie werden auf die Dauer niemals so erschöpft sein wie Eltern, die kontrollieren. Warum? Weil irgendwann einmal jeder Heranwachsende so vorbereitet ist, daß er sich selbst um seine weitere Entwicklung kümmern kann.

Unterschiedliche Methoden

Familien, in denen die Gnade regiert, und Familien, in denen der »Fluch« regiert, wenden unterschiedliche Methoden an, um ihr Ziel zu erreichen.

Erziehung, in der der »Fluch« regiert

Wie wir bereits gesehen haben, ist das Haupterziehungsziel in Familien, in denen der »Fluch« regiert, zu kontrollieren. Kontrolle wird auf zweierlei Weise erreicht.

Die erste Möglichkeit ist, was ich einen »blockierenden Erziehungsstil« nennen würde. Diejenigen, die diesen Ansatz anwenden, verhalten sich, als seien die äußeren Mächte der Welt das Problem. Die Lösung ist darum, das Verhalten der Kinder auf die Art und Weise zu kontrollieren, daß Barrieren um sie herum aufgestellt werden – das heißt, ihnen wird verboten, bestimmte Dinge zu tun, zu bestimmten Orten zu gehen, mit bestimmten Leuten zusammenzusein, bestimmte Musik zu hören, etc.

Vor einigen Jahren wurde in Minnesota die Altersgrenze für den Ausschank von Alkohol an Jugendliche von achtzehn auf einundzwanzig Jahre angehoben. Ich stimme mit diesem Erlaß überein. Doch wenn dieses Gesetz aus Sorge darüber erlassen wurde, daß unsere achtzehn- bis einundzwanzigjährigen Jugendlichen vielleicht schlechte Entscheidungen treffen oder um sicherzustellen, daß sie gute Entscheidungen treffen, dann fehlt etwas im

Leben dieser Menschen. Ist es möglich, daß ein gesunder, kluger Neunzehnjähriger sich in einer ungesunden Umgebung aufhält und trotzdem gesunde Entscheidungen trifft? Ja.

Sind Grenzen in Ordnung? Ja, manchmal. Doch lassen Sie mich illustrieren, was ich von meinen Töchtern über die Unzulänglichkeit von Grenzen gelernt habe. Als sie klein waren, hatten wir Gitter, die verhindern sollen, daß Kinder eine Treppe hinunterfallen oder bestimmte Räume betreten. »Geh nicht in die Küche«, sagten wir zum Beispiel zu unseren Töchtern A, B und C. Tochter A ging bis zu dem Gitter und nicht weiter. Aber dieses Kind hätte auch ohne Gitter die Küche nicht betreten, weil wir es ihr gesagt hatten. Tochter B sah uns an, ging zu dem Gitter, öffnete es mit Schwung und ging in die Küche. Bei ihr fand sich wenig Kooperation, geschweige denn Gehorsam. Tochter C ging bis zum Gitter und lehnte sich so weit es ging hinüber, ohne es zu berühren oder die Küche zu betreten. Und während sie dies tat, grinste sie uns verschmitzt an. Es war, als wollte sie uns wissen lassen, daß sie durchaus in die Küche kommen könnte, wenn sie wollte, und wir würden nichts dagegen machen können. Auch dies war nicht sehr kooperativ oder gar gehorsam.

Ich will damit sagen, Grenzen funktionieren häufig nur bei Leuten, die sie sowieso nicht brauchen. Ja, Ihr Eltern, es ist in Ordnung, weise Grenzen aufzuzeigen – aber legt nicht zu großen Wert darauf. Das Problem bei Ihren Kindern ist nicht das Vorhandensein des Bösen in der Welt. Es ist der Mangel an geistlicher, emotionaler und psychologischer Stärke im Innern.

Die zweite Methode, die in einer Familie angewandt wird, in der der »Fluch« regiert, ist die Bestrafung. Mit Bestrafung meine ich nicht das Aufzeigen von Konsequenzen. Wenn der Prozeß der Disziplinierung in einer Umgebung stattfindet, in der die Gnade das Sagen hat, dienen Konsequenzen dazu, Kindern mehr über das Leben beizubringen. Sie sind ein Weg zu verdeutlichen, daß die Menschen für ihr Verhalten verantwortlich und in der Lage sind, angemessene Entscheidungen zu treffen.

Die Bestrafung dient dazu, die Menschen für ihr Verhalten bezahlen zu lassen. Dies wird dann als Weg gesehen, bei den Kindern ein »richtiges« Verhalten zu erzeugen. Bestrafungen werden häufig angedroht, um Kinder zu erpressen, zu zwingen oder ihnen zu drohen, damit sie sich so verhalten, wie die Eltern es sich wünschen. Das ist Kontrolle, und es veranlaßt die Kinder, ihren Blick stärker auf ihr Wohlverhalten als Mittel, Liebe und Annahme zu bekommen, zu richten

Erziehung, in der die Gnade regiert

Eltern, in deren Leben die Gnade wirksam ist, wollen nicht zu kontrollieren versuchen, sondern bieten Regeln an, durch die ihre Kinder lernen können, weise Entscheidungen zu treffen. Dies gelingt nur, indem Beziehungen geschaffen werden, in denen die Gnade zum Tragen kommt. In Beziehungen, in denen der »Fluch« regiert, nehmen Regeln und Verhaltensweisen den Platz von Menschen und Bedürfnissen ein. In einer Familie, die danach strebt, eine Einheit zu sein, in der die Gnade sich auswirken kann, dienen Beziehungen dazu, den Regeln einen Sinn zu geben: Interaktion ist dazu da, der Art und Weise, wie wir miteinander umgehen, einen Sinn zu verleihen, damit wir wachsen und reifen können.

Eine Familie unter der Gnade Godes, ist ein Ort, an dem die Menschen lernen können zu leben, ohne befürchten zu müssen, die Liebe und Annahme des anderen zu verlieren, selbst wenn sie sich nicht richtig verhalten. Um eine Fertigkeit zu erlernen, müssen Sie üben. Dazu gehört auch zu lernen, wie man mit Fehlern, die gemacht werden, umgeht. In Beziehungen, in denen die Gnade bestimmen kann, werden Fehler als eine Gelegenheit gesehen zu lernen. In Beziehungen, in denen der »Fluch« regiert, werden Fehler als Gelegenheiten gesehen, dem anderen ein schlechtes Gefühl zu vermitteln.

Beziehungen, in denen die Gnade lebendig ist, sind auch ein Ort, an dem geübt werden kann, wie man ein Jünger wird. Im Philipperbrief spricht der Apostel Paulus darüber hinsichtlich seines eigenen Lernprozesses. Wir wollen sehen, wie gut sich dies auf den Lernprozeß in unseren Familien übertragen läßt. Dort heißt es:

> »Ich sage das nicht, weil ich etwa Mangel leide. Denn ich habe gelernt, mich in jeder Lage zurechtzufinden: Ich weiß Entbehrungen zu ertragen, ich kann im Überfluß leben. In jedes und alles bin ich eingeweiht: in Sattsein und Hungern, Überfluß und Entbehrung. Alles vermag ich durch ihn, der mir Kraft gibt« (Phil 4,11-13).

Ich möchte Ihre Aufmerksamkeit auf die beiden griechischen Worte lenken, die in dieser Stelle meistens einfach mit »lernen« übersetzt werden. Es ist μυειν *myein* und bedeutet »beginnen, einleiten«, in diesem Fall »eingeweiht sein«. Der andere Ausdruck in diesem Abschnitt ist die Übersetzung des griechischen Wortes μαθεειν *matheein*, ein Wort, von dem μαθητησ *mathätäs*, »der Jünger«, abgeleitet ist. Petrus, Jakobus und Johannes waren *mathätai*, das heißt Jünger – sie waren von Jesus angelernt worden.

Wie konnte Paulus »lernen«, alle diese Dinge zu überwinden, die in diesem Abschnitt erwähnt sind? Nicht dadurch, daß man es ihm gesagt hatte; nicht, weil er es in einem Buch gelesen hatte; nicht durch eine Predigt. Dieser Abschnitt deutet an, daß Paulus einen Prozeß durchlaufen hat, den Prozeß, zu einem Jünger zu werden. Mit anderen Worten, Paulus wußte, was es bedeutete, hungrig zu sein, weil er auch schon Hunger gelitten hatte. Er wußte, was es bedeutete, arm zu sein, weil er sowohl arme als auch reiche Zeiten erlebt hatte. Er wußte, er konnte in jeder Lebenslage zufrieden sein, weil er eine Beziehung zu Christus hatte, dessen Gnade ihm die Kraft verlieh, alles zu überwinden.

Dies ist die Kraftquelle, aus der Beziehungen, in denen die Gnade wirksam ist, schöpfen können. Durch sie können wir ein Umfeld schaffen, in dem Kinder lernen können, weise Entscheidungen zu treffen, anstatt sich in allem dem Wunsch der Eltern zu beugen. Eines Tages werden wir, die wir ihnen die Grenzen setzen, nicht mehr da sein, um dies zu tun. Werden unsere Kinder dann von innen heraus stark sein?

Was als Ergebnis der Erziehung erhofft wird

Erziehung, in der der »Fluch« regiert

Vor einigen Jahren wurde ein Film produziert mit dem Titel *Johnny Handsome* – die wahre Geschichte eines Mannes, dessen Gesicht und Kopf sehr stark deformiert waren. Nicht nur das, in seiner Kindheit wurde er sehr stark vernachlässigt und mißbraucht. Seine Mutter war Prostituierte, die ihn nur unregelmäßig in dem Heim besuchte, in das sie ihn gebracht hatte. Sie starb, als er dreizehn war. Seinen Vater kannte er nicht. Er steckte voller Wut, haßte sich und alle anderen. Johnny verließ das Heim als junger Erwachsener und schloß sich einer Gruppe übler Leute an. Während eines Einbruchs wurde er von seinen Partnern verraten, die auch seinen besten Freund ermordet hatten. Johnny wurde gefaßt und ins Gefängnis gebracht.

Während seiner Inhaftierung entwickelte ein Arzt ein besonderes Interesse an ihm. Dieser Chirurg war der Auffassung, Johnny sei im Grunde genommen ein guter Mensch. Er sei Opfer von Umständen geworden, auf die er keinen Einfluß gehabt hätte. Er bot an, Johnny in ein Forschungsprogramm aufzunehmen. Man würde seine Verunstaltung operieren, ihm einen neuen Namen geben, ihm eine Arbeit beschaffen und ihn vorzeitig entlassen. Der Arzt war davon überzeugt, daß Johnny nun ein glückliches, erfolgreiches Leben führen würde.

Eine wichtige Rolle spielte in dem Film auch der Polizeiinspektor, der Johnny festgenommen hatte. Er kannte dessen kriminelle Karriere und warnte den Arzt immer wieder, Johnny würde ihn nur benutzen. Er kannte Johnny und war nicht davon überzeugt, daß diese äußerlichen Veränderungen ihn wirklich verändern könnten. Immer wieder tauchte er auf und wiederholte seine Warnungen. Doch der Arzt hielt ihn für einen Schwarzseher.

Der Film endet damit, daß Johnny sein neues Aussehen und seine neue Identität dazu benutzt, seine ehemaligen Partner anzustiften, einen weiteren Einbruch mit ihm zusammen zu begehen. Sein Plan ist, sie zu hintergehen und dann zu töten. Wenigstens kann er sich auf diese Weise für ihren Betrug an ihm und den Mord an seinem besten Freund rächen. Leider mißglückt der Versuch, und obwohl Jonny in der Lage ist, seine Feinde zu erschießen, wird auch er tödlich getroffen. Der Polizeiinspektor betritt die Szene, blickt auf den sterbenden Johnny und sagt: »Der Arzt hat sein Handwerk nicht verstanden.«

Eltern, die sich vom »Fluch« bestimmen lassen, verstehen ihr Handwerk auch nicht: »Der Weg von einem leeren, hilflosen Baby zu einem erfüllten, fähigen Erwachsenen gleicht einem Drahtseilakt: es ist ein langer, schwieriger und auch beängstigender Prozeß, sowohl für die Eltern als auch für die Kinder.« In diesen Familien ist das Verhalten der Kinder nicht nur ihre einzige Quelle der Wertschätzung, es ist auch das Mittel, durch das sich die Eltern wertgeschätzt fühlen. Jeder verdient sich Liebe, Wert und Annahme auf der Basis des Verhaltens des Kindes. Das traurige Ergebnis ist folgendes: Menschen, die wenigstens gesund wirken, auch wenn sie es nicht sind.

Erziehung, in der das äußere Verhalten eines Kindes einen so hohen Stellenwert einnimmt, läßt Kinder scheitern. Sie lernen es nicht, von der Gnade, die ihnen in Jesus angeboten ist, Gebrauch zu machen.

Erziehung, in der die Gnade sich auswirkt

Was hat der Arzt versäumt? Er hat nicht begriffen, daß auch erfüllt wirkende Menschen immer noch leer sind. Als gläubige Eltern müssen wir uns dies unbedingt klarmachen. Wir möchten unsere Kinder zu Menschen erziehen, die gesund leben können. Wir wissen, daß es gefährlich und schwierig ist, aufrichtig zu leben. Ja, wir und unsere Kinder werden Fehler machen und vielleicht sogar auch dumm wirken. Doch während unsere Kinder versuchen, dieses komplizierte Geschäft des Lebens zu erlernen, helfen wir ihnen immer mehr, die Liebe Gottes zu erkennen und ihr zu vertrauen. Einer Liebe, die sie auch auffangen wird, wenn sie fallen – und das werden sie früher oder später immer wieder. Das bedeutet, Liebe, Annahme und Wert werden jedem Kind zuteil, weil auch wir als Eltern restlos von dem getragen werden, was Jesus für uns am Kreuz getan hat.

Gnade ist nichts anderes als mit dem Herzen begreifen, wie Gott zu uns steht! Wir dürfen diese Gnade ruhig erproben. Die Familie, die Gnade weitergibt, sagt in allem, was sie tut, daß Versagen nicht das Ende ist.

Sicher, für jeden von uns, besonders aber für unsere Kinder, ist das Leben voller Gefahren. Es gibt sie wirklich, die Menschen in den »schwarzen Limousinen«. Wir müssen unsere Kinder vor ihnen warnen und sie beschützen. Aber wir wollen unsere Kinder deswegen nicht isolieren und weltfremd machen, sondern zu Menschen erziehen, in denen wirkliches Leben ist.

Teil III

Familien, in denen die Gnade lebendig ist

EINFÜHRUNG ZU TEIL III

Wie wir gesehen haben, ist der Versuch, andere zu kontrollieren, sowohl die Wurzel als auch die Frucht des »Fluchs«, der unsere Beziehungen durchdringt. Wenn in unseren Familien die Gnade wirksam werden soll, müssen wir lernen, uns vom in uns wohnenden Heiligen Geist bevollmächtigen zu lassen. Wenn die Erwachsenen wissen, daß sie von Gott geliebt und angenommen sind, brauchen sie nicht versuchen, ihre Erfüllung in dem guten Verhalten ihrer Kinder zu suchen.

Dieses Kapitel nun möchte ich aus einer etwas anderen Sichtweise angehen: Als Erwachsene sind wir dafür verantwortlich, daß wir in Übereinstimmung mit dem leben, was wir in Christus und durch die Gnade sind, die uns zuteil wurde. Wir wissen, daß Menschen im Reich Gottes nicht deswegen verachtet werden, weil sie Probleme haben; wenn wir treu bleiben, können wir Hilfe bekommen. Wir wissen auch, daß wir es unseren Familienmitgliedern schuldig sind, eine Quelle zu sein, durch die Gott ihnen Gnade erweist und sie zum Leben zurüstet. In diesem Teil werden wir alles, was wir bisher erfahren haben, zu einem zusammenhängenden Bild zusammenfügen und zeigen, was es bedeutet, einer Familie anzugehören, in der die Gnade wirksam ist.

Kapitel 12

Eine Familie, in der die Gnade lebendig ist

Nach meinem Seminarabschluß arbeitete ich mehrere Jahre lang in einer Dienstleistungsagentur. Alle Angestellten mußten jedes Jahr eine bestimmte Anzahl an Seminaren belegen. In einem dieser Seminare fühlte ich mich gar nicht wohl.

Ich hatte mich zu einem Workshop über Selbstwertgefühl angemeldet. Er sollte acht Wochen lang abends, jeweils zweistündig, stattfinden.

Diesen ersten Abend werde ich nie vergessen. Die Leiterin des Workshops nannte die Themen, mit denen wir uns in den vor uns liegenden acht Wochen beschäftigen würden: Umsorgen, Gefühle, Bestätigung, Rollenspiele, Rückschläge etc. Sie müssen wissen, daß ich der einzige Mann in einer Gruppe mit fünfundzwanzig Frauen war. Ich war am Ende meiner Beklemmungs-Skala angekommen.

Spaß beiseite, dieses Seminar wurde für mich zur bedeutungsvollsten, lebensveränderndsten Erfahrung, die ich je gemacht habe. Doch ein Punkt blieb, der mir Unbehagen bereitete: Ich war der einzige Mann, und das war ein Alptraum. Ich fühlte mich nicht dazugehörig. Ich fühlte mich nicht aufgenommen oder gut genug. Ich war nicht froh, dort zu sein. Ich wußte eigentlich gar nicht, wie ich mich fühlte. Nur ein Gefühl konnte ich definieren: Ich haßte es, der einzige Mann in diesem Workshop zu sein. Schließlich begann ich sogar zu bedauern, daß ich überhaupt ein Mann war.

Am letzten Abend sagte die Leiterin, sie wolle dieses Seminar beschließen, indem sie jedem Teilnehmer etwas Ermutigendes sagte. Sie ging im Raum umher und lenkte die positive Aufmerksamkeit der Leute auf ihr Lächeln, ihre Begeisterung, ihren Sinn für Humor, ihre Energie und jede Menge andere positive Eigenschaften. Jeder Frau sagte sie, wie sehr sie sich freue, acht Wochen mit ihr zusammengewesen zu sein. Dann kam sie zu mir.

»Ich bin froh, daß Sie ein Mann sind«, sagte sie. Ich starrte sie an. Ich konnte nicht glauben, daß sie so etwas gesagt hatte. Froh, daß ich ein Mann bin? Acht Wochen lang hatte ich mir gewünscht, einfach verschwinden zu können. Ich hatte das Gefühl gehabt, als sei meine »Männ-lichkeit« eine Schuld, ein Geburtsfehler. Und nun sagte diese Frau – die Leiterin des Seminars, eine respektierte Expertin in bezug auf die Gefühle der Menschen –, sie sei froh, daß ich ein Mann bin. Auf einmal war auch ich froh, ein Mann zu sein.

Ich habe viel darüber nachgedacht, was während dieser acht Wochen und vor allem an jenem Abend passierte. In diesem Workshop wurden viele Lehren und Erfahrungen angesprochen, die uns klarmachen sollten, daß wir als Menschen etwas ganz Besonderes sind. Doch die Leiterin überließ es nicht unserer eigenen Annahme, sie sprach es vor jedem von uns laut aus. Und wie wirkungsvoll waren ihre Worte! Was sie gesagt hatte, ging mir direkt ins Herz und blieb dort bis zum heutigen Tag. Was sie gesagt hatte, warf ein neues Licht auf die gesamten acht Wochen; es wurde zu einer lebensverändernden Erfahrung für mich. Ich weiß nicht, ob diese Frau Christ war oder nicht, doch sie vermittelte mir eine Menge »Gnade«.

Worte, die von Gnade getragen sind, bewirken viel; Beziehungen, die von einer »gnadenvollen« Atmosphäre durchzogen sind, noch mehr.

Gnade und Beschämung sind Gegensätze

In einem früheren Buch überschrieb ich ein Kapitel: »Wenn Beschämung die Wurzel allen Übels ist« (*Tired of Trying to Measure Up*, Bethany House Publishers, 1990). Der Zweck dieses Kapitels war es, zehn Merkmale einer auf Beschämung basierenden Familienbeziehung zu beschreiben, damit der Leser eine solche erkennen konnte. In einem solchen Familiensystem wird den Familienmitgliedern beständig vermittelt, daß sie unzulänglich sind. Liebe ist abhängig von bestimmten Verhaltensweisen; der Mensch wird nicht als Person angenommen, sondern er verdient sich die Annahme, indem er bestimmten Verhaltensmustern entspricht und andere meidet. Selbst unter den günstigsten Bedingungen sind Menschen nicht geliebt und angenommen; Verhalten ist das wichtigste Element.

Es ist nicht erstaunlich, daß es in einer Familie, in der die Gnade lebendig ist, ganz anders zugeht als in einer Familie, in der das nicht der Fall ist. Ich würde jene Charakteristika, die in Familien zu finden sind, in denen die Gnade keinen Raum hat, gern dazu verwenden, in eine Diskussion über die Merkmale einer Familie einzutreten, die von der Gnade getragen wird.

In Beziehungen, die auf Beschämung ausgerichtet sind, werden Sie die folgenden Charakteristika finden:

1. *Lautes Schimpfen.* Die Botschaft, die weitergegeben wird, lautet: »Irgend etwas stimmt nicht mit dir«, »du bist unzulänglich«, »du kannst nicht mithalten«, »Warum kannst du nicht so sein wie ...«.
2. *Verhaltensorientierung.* Der Blick ist auf gutes Verhalten gerichtet als Mittel, Liebe, Anerkennung, das Gefühl der Annahme oder des Wertes zu bekommen. Das Versagen, sich richtig zu verhalten, führt zu Beschämung.
3. *Unausgesprochene Regeln.* Verhalten wird bestimmt von Regeln oder Wertmaßstäben, die nur selten, falls überhaupt, laut formuliert werden. Tatsächlich werden sie häufig erst entdeckt, wenn sie gebrochen werden. Es gibt eine »Man-kann-nicht-darüber-sprechen-Regel« – was bedeutet, daß niemand Probleme wahrnehmen und erwähnen soll; und wenn jemand über ein Problem spricht, dann ist er selbst das Problem. Dies zwingt die Menschen zum Schweigen. Es gibt auch eine »Kann-nicht-gewinnen-Regel«. Kindern wird zum Beispiel beigebracht, niemals zu lügen; doch gleichzeitig verbietet man ihnen, Großmama zu sagen, ihr Essen schmecke nicht. Wie sehr ein Kind sich auch bemüht, diese sich widersprechenden Regeln zu beachten, es wird immer versagen. Und da man sich nicht richtig verhält, wird man laut zurechtgewiesen. Diese Regeln werden auch zukünftige Beziehungen beherrschen; es sei denn, sie werden erkannt und bewußt überwunden.
4. *Kommunikation durch »Verschlüsseln«.* Ein Gespräch über Gefühle oder Bedürfnisse bereitet Ihnen Schuldgefühle, weil Sie »selbstsüchtig« sind. Über Probleme zu sprechen, würde gegen die Regel verstoßen, daß nicht über Probleme gesprochen werden darf; man würde Ihnen vorhalten, sich unangemessen zu verhalten. Darum lernen Familienmitglieder, in Codes zu sprechen, oder sie senden sich indirekt durch andere Menschen bestimmte Botschaften.
5. *Falsche Idole.* Familienmitgliedern wird beigebracht, den Maßstab ihres Wertes und ihrer Identität in Dingen und Menschen zu suchen anstatt in Gott. Beurteilungskriterien sind: wie etwas aussieht, was die Leute denken, wie sie sich religiös verhalten, was sie sich anschaffen.
6. *Kindern das Leben schwermachen.* Kinder stehen in dem Prozeß, das Leben kennenzulernen. Doch die Familie macht sich mehr Gedanken darüber, wie etwas aussieht und was die Leute denken. Darum wird allein die Tatsache, ein Kind zu sein, zu einer beschämenden Angele-

genheit. Kinder müssen lernen, sich wie kleine Erwachsene zu verhalten, um nicht ausgeschimpft zu werden.

7. *Umgehen mit Fehlern und Beschämung.* Da in dieser Familie so viel Wert auf Verhalten gelegt wird, muß mangelndes richtiges Verhalten verfolgt und ausgelöscht werden. Fehler und Schuldzuweisungen sind an der Tagesordnung. Die Frage: »Wer ist dafür verantwortlich?« will herausfinden, wem man die Schuld geben kann. Auf diese Weise wird der Schuldige beschimpft und gedemütigt, damit er ein so schlechtes Verhalten nie wieder an den Tag legt.
8. *Ausgeprägte Rationalisierungstendenz.* Die Familienmitglieder werden Experten darin, sich zu verteidigen. Schuldzuweisung, Rationalisierung, Bagatellisierung und Leugnen sind nur Versuche, sich nicht bloßstellen zu lassen – meistens leider vergebliche.
9. *Schwach ausgeprägte Sensibilität.* »Ich kann nichts empfinden« ist eine weitere Regel, von der dieses System bestimmt ist. Gefühle sind falsch, selbstsüchtig oder unnötig. Menschen in solchen Familien können ihre Gefühle nicht definieren oder wissen nicht, wie sie auf ihre Gefühle reagieren sollen. Gefühle haben keinen Platz.
10. *Bedürftige Menschen.* Weil Liebe und Annahme auf der Basis von richtigem Verhalten und niemals ohne dieses verdient werden, lassen sich Familienmitglieder, in denen der »Fluch« regiert, charakterisieren als Menschen, die innerlich leer sind und äußerlich erfüllt wirken.

Was ist eine Familie, in der die Gnade lebendig ist?

Nach Gottes Plan ist die Familie der Ort, an dem ein Mensch seine Identität erkennt, seine Bedürfnisse befriedigt werden, er Gott kennenlernen und Beziehungen entwickeln kann. Beziehungen, vor allem die in der Familie, haben sehr viel Macht. In der Familie können wir das Gefühl bekommen, unzulänglich zu sein und niemals mithalten zu können – oder wir können die innere Stärke und die äußeren Fähigkeiten entwickeln, als »heile« Menschen zu leben und zu handeln.

Wie ich schon sagte, geht es in Beziehungen, in denen die Gnade lebendig ist, ganz anders zu als in Beziehungen, in denen der »Fluch« regiert. In einer Familie, Gemeinde oder Gruppe, die von der Gnade getragen wird, erhalten die einzelnen Botschaften, daß sie geliebt, angenommen und wertvoll sind und nicht allein im Leben stehen. Nachfolgend habe ich eine Liste mit zehn Merkmalen erstellt, die solche Beziehungen charakterisieren, aus denen fähige, kreative, zufriedene Menschen hervorgehen:

1. *Laut geäußerte Bestätigung* (im Gegensatz zu lautem Schimpfen). Das Gehör ist eines der Sinnesorgane, über das die Menschen Informationen über sich selbst, andere und das Leben aufnehmen. Die Ohren sind nicht mit kleinen Filtern ausgestattet, die nur bestätigende Botschaften durchlassen. Jede Botschaft wird aufgenommen. Als Erwachsene können wir lernen, bestimmte Botschaften, die uns beschämen oder herunterziehen, bewußt zu verdrängen. Doch die Tatsache, daß es uns so viel Mühe kostet, solche Botschaften zurückzuweisen, bedeutet, daß wir sie wenigstens einmal laut und deutlich vernommen haben.
   In Familien, die von der Gnade getragen werden, bekommen die Familienmitglieder laut gesagt, daß sie geliebt und angenommen, begabt und wertvoll sind. Es ist nicht realistisch zu denken, sie wüßten »von selbst«, daß sie geliebt werden. Sätze wie: »Ich liebe dich«, »du bist wirklich fit darin«, »ich bin für dich da, wenn du mich brauchst«, »ich bin froh, daß Gott dich uns geschenkt hat«, »ich bin froh, daß du ein Junge/Mädchen bist«, »es tut mir gut, mit dir zusammenzusein« müssen einfach ausgesprochen werden. Auch den Namen eines Menschen zu gebrauchen, wenn man mit ihm spricht, ist ein guter Weg, einen Menschen zu bestätigen.
   Meine Töchter leben in einer Welt, in der die Frauen fast überall – auch in der Gemeinde – nur aus dem einen Grund benachteiligt sind, weil sie Frauen sind. Holly und ich haben beschlossen, unsere Mädchen darauf vorzubereiten und ihr Selbstbewußtsein zu stärken. Wir begannen damit, als sie noch Babys waren. Wir flüsterten zum Beispiel: »Ich bin froh, daß du ein Mädchen bist«, »Ich halte dich gern im Arm«, »Du bist etwas ganz Besonderes«. Und das tun wir auch heute immer noch.
2. *Menschenorientiert* (im Gegensatz zu verhaltensorientiert). David Seamands schreibt: »Wir alle brauchen eine Umgebung, in der wir das Gefühl haben, daß unsere Bedürfnisse befriedigt werden, weil wir sind, was wir sind und nicht, weil wir uns bestimmten Verhaltensregeln entsprechend verhalten.« (*Healing Grace*, Victor Books, 1988.) In Familien, in denen die Gnade lebendig ist, sind Liebe und Annahme nicht abhängig davon, wie die Menschen sich verhalten. Die Menschen werden bestätigt für das, was sie sind. In Familien, in denen Beschämung an der Tagesordnung ist, ist Verhalten das einzig Wichtige. Die Persönlichkeit eines Menschen ist von geringerer Bedeutung.
   Die Mitglieder von Familien, in denen die Gnade ihren Stellenwert hat, sind in der Lage, Menschen von ihrem Verhalten zu trennen. Sie als Elternteil können lernen, ermutigende Botschaften auszusenden, auch wenn sich Ihr Kind alles andere als lobenswert verhält. Dann haben Sie

die schwierigste und nichtsdestoweniger wichtige Aufgabe erfüllt. Manchmal gefällt mir gar nicht, was Holly oder die Mädchen tun, doch sie wissen genau, daß ich sie trotzdem liebe und ihren Wert niemals in Frage stellen würde.

Nehmen wir einmal an, eine meiner Töchter schlägt ihre Schwester. Ich sage vielleicht: »Es gefällt mir nicht, wie du dich verhältst.« Das ist eine Aussage zu ihrem Verhalten. Wenn sie auf das, was ich gesagt habe, verletzt reagiert oder den Kopf hängen läßt, als ob sie ein Mensch zweiter Klasse wäre, hat sie meine Botschaft vielleicht mißverstanden. Sie hat meine Aussage vielleicht so interpretiert, daß ich sie nicht mag. An diesem Punkt könnte ich die Sachlage klären, in dem ich ihr sage: » _______, ich hab' dich lieb. Das wird sich nie ändern. Doch mir gefällt nicht, wie du deine Schwester behandelst.«

Diese Dynamik existiert auch in unserer Beziehung zu Gott. Wir haben eine Beziehung zu ihm, weil er uns liebt und uns für so wertvoll hält, daß er für uns gestorben ist, und nicht, weil wir uns heilig genug verhalten hätten, um uns dies zu verdienen. Paulus schreibt: »Gott aber hat seine Liebe zu uns darin erwiesen, daß Christus für uns gestorben ist, als wir noch Sünder waren« (Röm 5,8). Gott haßt unseren Lebenswandel (unser Verhalten) manchmal, doch »jetzt gibt es keine Verurteilung mehr für die, welche in Christus Jesus sind« (Röm 8,1).

3. *Laut ausgesprochene Regeln und Erwartungen* (im Gegensatz zu unausgesprochenen Regeln). In einer Familie, in der die Gnade vorherrscht, sind Regeln um der Menschen willen da, nicht umgekehrt. Damit Regeln in einer Familie effektiv werden können, muß jeder sie kennen. Wenn eine Regel bestimmte Leute bevorzugt (Erwachsene, eines der Kinder), zu starr oder einfach zu dumm und überflüssig ist, um laut ausgesprochen zu werden, sollte man sie abschaffen. Erst recht ist es nicht in Ordnung, Menschen wegen bestimmter Regeln zur Rechenschaft zu ziehen, die nicht ausformuliert worden sind.

   In einigen Familien herrscht die unausgesprochene Regel: »Erwachsene sind wichtiger als Kinder.« Wenn Sie eine Regel haben möchten, die besagt: »Erwachsene und Kinder sind gleich wichtig«, darf weder ein Erwachsener noch ein Kind unterbrechen, wenn ein anderer redet.

   In Familien, in denen der »Fluch« regiert, wird die Person, die auf ein Problem hinweist, selbst als Problem bezeichnet. In einer Familie, die von der Gnade getragen wird, ist es nie ein Problem, wenn die Wahrheit gesagt oder offenbart wird, und auch die Person, die darauf hinweist, nicht. Das Problem wird als wirkliches Problem behandelt, und man

sucht gemeinsam nach einer Lösung. Es kann darüber gesprochen werden, weil Probleme oder Fehlverhalten kein Grund sind, den anderen schief anzusehen.
Versuchen Sie es einmal: Setzen Sie sich eine Stunde lang mit Ihrer Familie zusammen und lassen Sie alle über die Regeln sprechen, die ihrer Meinung nach in der Familie existieren. Dann sprechen Sie über die Regeln, die ihrer Meinung nach eingeführt werden sollten. Ich denke, dies wird eine sehr aufschlußreiche Erfahrung sein.

4. *Die Kommunikation ist klar und aufrichtig* (nicht verschlüsselt). In Sacharja, Kapitel 8, Vers 16 heißt es:
»Das sind die Dinge, die ihr tun sollt: Sagt untereinander die Wahrheit! Fällt an euren Stadttoren Urteile, die der Wahrheit entsprechen ... Plant in eurem Herzen nichts Böses gegen euren Nächsten, und liebt keine verlogenen Schwüre! Denn das alles hasse ich – Spruch des Herrn.«
Sehen Sie, wie Gott über die Wahrheit denkt?
Wenn Sie möchten, daß jemand den Müll nach draußen bringt, dann bitten Sie ihn darum. Sagen Sie nicht: »Es wäre schön, wenn jemand einmal den Müll nach draußen bringen würde«, und beklagen sich dann, wenn die anderen Ihre verschlüsselte Botschaft ignoriert oder nicht verstanden haben. Wenn Sie lieber Hamburger statt Hotdogs essen, dann sagen Sie es. Sagen Sie nicht: »Mir ist es egal, wir können essen, was du möchtest«, um dann ein unzufriedenes Gesicht zu machen, wenn es schließlich doch Hotdogs gibt. Wenn Sie Hilfe brauchen, bitten Sie darum. Sagen Sie nicht: »Nein, es ist ja nicht viel. Ich komme schon klar«, und dann bedauern Sie sich oder verurteilen andere, weil sie so rücksichtslos sind und Ihnen nicht helfen.
Eine Botschaft zu verschlüsseln hilft niemandem – am wenigsten den Kindern. Kinder nehmen alles sehr wörtlich. Alfred Adler fiel auf, daß Kinder großartige Beobachter, aber schreckliche Interpretatoren sind. Die Menschen, an die Ihre Botschaften gerichtet sind, sollten sie nicht noch entschlüsseln müssen. Wenn Sie eine Botschaft aussenden wollen, entschlüsseln Sie sie zuerst selbst, und dann übermitteln Sie sie. (Dabei werden Sie sehr viel über sich selbst herausfinden!)
Mischen Sie sich nicht ein – das heißt, stellen Sie sich nicht zwischen die Beziehung zweier Menschen und übermitteln Sie Botschaften anderer. Ich habe festgestellt, daß Menschen für ihre Familienmitglieder Botschaften weitergeben, weil sie wollen, daß diese miteinander klarkommen. Leider erreichen sie damit nur, daß diese niemals allein klarkommen werden. Setzen Sie innere Grenzen und lassen Sie sich nichts

erzählen, was für jemand andern bestimmt ist. Wenn dies zu einer schlechten Beziehung führt, dann nur, weil der andere seinen Beitrag zu einer guten nicht geleistet hat. Es ist nicht Ihre Aufgabe, sich einzumischen, um Dinge »in Ordnung zu bringen« oder zu »entschlüsseln«. Es ist auch nicht Ihre Aufgabe, die Menschen dazu zu bringen, miteinander zu reden. Wenn Sie das tun, dann üben Sie Kontrolle aus. Ihre Aufgabe ist es, die Wortklauber zu ermutigen, miteinander zu reden. Was danach passiert, liegt in deren Hand. Jeder ist verantwortlich für die Beziehung, die er zu anderen unterhält.

Paulus schreibt: »Legt deshalb die Lüge ab, und redet untereinander die Wahrheit; denn wir sind als Glieder miteinander verbunden« (Eph 4,25). Tun Sie, was in diesem Vers steht. Sagen Sie, was Sie zu sagen haben. Erwarten Sie dasselbe von anderen und halten Sie sich heraus, wenn die anderen es nicht tun.

5. *Gott ist die Quelle* (im Gegensatz zu falschen Idolen). Für uns Christen ist Gott die Quelle. Er ist derjenige, der unsere Bedürfnisse befriedigt, er ist unser Befreier, Verteidiger, der eine, der das letzte Wort hinsichtlich unseres Wertes und unseres Angenommenseins spricht. Wir sind nicht wertvoll und annehmbar wegen des Geldes, das wir verdienen, der Kleider, die wir tragen, unseres regelmäßigen Gottesdienstbesuchs oder weil wir treu unseren Zehnten geben. Andere Menschen können denken, was sie wollen – und das tun sie auch. Was sie sagen, mag uns manchmal verletzen, aber sie wissen nicht die Wahrheit über uns, denn die weiß allein Gott.

   In Familien, die von der Gnade getragen werden, ist es in Ordnung, sich zum Beispiel über die Noten der Kinder Gedanken zu machen. Doch gute Noten machen Menschen nicht annehmbarer – genausowenig wie schlechte Noten sie weniger annehmbar machen. Menschen sind angenommen und wertvoll, weil Gott sie liebt und ihnen Gnade erweist. Und sie brauchen Hilfe, um sich immer wieder daran zu erinnern, auch wenn Sie ihnen helfen, die Noten zu verbessern.

   Der Glaube ist ein solcher Kampf (1 Tim 6,12), weil wir eine Quelle haben, die wir nicht sehen können. Wir leben in einem Kreis von Menschen und sind umgeben von Dingen, die wir sehen können. Darum ist es ein immer wiederkehrender Kampf, unser Selbstwertgefühl und das Gefühl des Angenommenseins aus dieser unsichtbaren Quelle zu beziehen. Denn durch fast alles, was wir hören und sehen, wird von uns gefordert, daß wir den äußeren Wertmaßstäben der Menschen gerecht werden sollen, um angenommen zu sein. In diesem Kampf werden wir häufig erleben, wie unsere Gefühle durch Worte oder das Verhalten von anderen verletzt werden. Und manchmal werden wir selbst nicht wissen, wie wir uns angemessen verhalten sollen. Doch Familien und Gemeinden, in denen die Gnade lebendig ist, sind unsere wichtigsten Verbündeten in diesem Kampf. In solchen Beziehungen werden die Menschen auf Gottes Gnade hingewiesen, nicht auf ihr Verhalten oder darauf, wie etwas Bestimmtes nach außen wirkt oder was die Leute denken könnten. Gott ist immer unsere einzige Quelle der Hoffnung.

6. *Man freut sich über Kinder* (anstatt den Kindern das Leben schwerzumachen). In Familien, in denen der »Fluch« regiert, müssen sich die Kinder wie kleine Erwachsene verhalten, um nicht ausgeschimpft zu werden. In Familien, die von der Gnade getragen werden, ist es in Ordnung, wenn sie sich wie Kinder verhalten. Darum habe ich in einem früheren Kapitel betont, wie wichtig es ist, die Entwicklunsphasen des Kindes zu kennen. Normale, gesunde Kinder nehmen die Aufgabe des Erwachsenwerdens nicht so genau. Sie als Eltern brauchen sich in Ihrer Autorität nicht bedroht zu fühlen oder es persönlich nehmen, wenn Ihre Kinder Unordnung machen. Sie verhalten sich nicht unangemessen und brauchen auch nicht zurechtgewiesen zu werden. Sie erforschen ganz einfach das Leben, stehen ständig in dem Prozeß herauszufinden, was es in der Wirklichkeit alles gibt. Darum stellen Kinder so viele Fragen. Beantworten Sie diese Fragen.

Als unsere Kinder klein waren, hatten sie ein Kinderbuch, das von einem Bären mit Namen Timothy handelte. Timothy sollte seine Erbsen essen. Er haßte Erbsen, darum versteckte er sie unter seinem Teller. Seine Mutter fand sie und sagte: »Timothy, iß deine Erbsen.« Darauf versteckte er sie in seiner Serviette. Wieder fand seine Mutter sie und sagte: »Timothy, iß deine Erbsen.« Als nächstes warf er sie durch den Raum. Seine Mutter ließ sie ihn aufsammeln und sagte: »Timothy, iß deine Erbsen.« Schließlich gab er auf und aß sie, wobei er ein Lied sang mit dem Titel »Kleine, grüne, giftige Bälle.« Darauf erwiderte seine Mutter: »Timothy, verhalte dich deinem Alter entsprechend.« Man mußte die Seite umblättern, um Timothys Reaktion auf diese Ermahnung zu lesen. Eine hervorragende Antwort: »Aber Mama, ich bin doch erst vier.«

Welch eine einfache Weisheit! Wenn Sie das nächste Mal den Drang verspüren, Ihre Kinder aufzufordern, sich ihrem Alter entsprechend zu verhalten, passen Sie auf. Höchstwahrscheinlich tun sie es gerade.

Ihren Kindern und deren Kämpfen Ihre Aufmerksamkeit zu schenken, könnte noch einen Nebeneffekt haben, den die meisten Eltern gar nicht mitbekommen: Dies wird Ihnen die Gelegenheit geben, einige Dinge, die Sie während Ihrer Kindheit verpaßt haben, aufzuarbeiten oder abzuschließen. Sie entdecken vielleicht einen Teil von Ihnen, der Ihnen genommen worden war, als Sie jung waren. Dies ist wie ein verlorener Schatz, der wiedergefunden wird. Verpassen Sie nicht die Gelegenheit, wenn Gott Ihnen eine zweite Chance gibt.

7. *Verantwortung und Rechenschaftspflicht* (im Gegensatz zu Fehler und Beschämung). Beschämung ist in Familien zu finden, in denen der »Fluch« wirksam ist, um Kinder für ihren Mangel an gutem Verhalten zu bestrafen. Sie werden zu Werkzeugen in dem Prozeß, die Kontrolle über das Verhalten anderer zu erringen. Doch wir Menschen sind nun einmal für unsere Entscheidungen selbst verantwortlich. Es ist daher nur angemessen, wenn wir zur Rechenschaft gezogen werden. Nur so können wir lernen.
Wie finden wir das richtige Maß? Ich möchte Ihnen ein Beispiel geben. Nehmen wir einmal an, eine meiner Töchter ist nachlässig und zerbricht etwas – und sie verschweigt es. Die Tatsache, daß sie verschweigt, was sie getan hat, zeigt mir, daß sie sich wegen der Sache schuldig fühlt. Sie fragt sich vielleicht, ob ich sie schimpfe oder kritisiere, wenn ich es herausfinde. Aus zwei Gründen jedoch möchte ich die Wahrheit wissen.
Erstens, damit ich sie disziplinieren kann. Das bedeutet nicht gleichzeitig bestrafen. Es bedeutet, daß ich ihr helfen möchte, aus diesem Zwischenfall etwas zu lernen. Dies kann durch die Konsequenzen sein, die sie zu tragen hat oder durch das gemeinsame Gespräch. Der zweite Grund, warum ich möchte, daß sie es erzählt, ist, damit ich ihr vergeben kann. Durch ihr Schweigen über das, was sie getan hat, trägt sie auch die Last ihrer Tat. Wenn sie es mir erzählen würde, könnte ich ihr diese geistliche Last der Schuld abnehmen, indem ich ihr Vergebung anbiete. Ich könnte dies auch als Gelegenheit ansehen, sie daran zu erinnern, daß ich sie liebe, auch wenn mir nicht gefällt, was sie getan hat. Ist dies nicht der Zweck des Bekenntnisses im Neuen Testament? »Wenn wir unsere Sünden bekennen, ist er treu und gerecht; er vergibt uns die Sünden und reinigt uns von allem Unrecht« (1 Joh 1,9). In vielen Familien bedeutet Bekennen zu einer Tat, daß der Schuldige geschimpft, beschuldigt, lächerlich gemacht und gedemütigt wird. In Familien, die von der Gnade getragen werden, ist dies anders.

8. *»Denkvermögen« wird zum Lernen verwendet* (im Gegensatz zum »Denkvermögen«, das zur Verteidigung eingesetzt werden muß). Das menschliche Gehirn ist ein unglaubliches »Instrument«. Ein altes Sprichwort lautet: »Zwei Köpfe sind besser als einer.« Wie erfreulich und nützlich ist es, wenn dieses ehrfurchterregende »Instrument« gemeinsam mit den anderen Familienmitgliedern eingesetzt wird, um zu lernen, wie man treu und verantwortlich lebt. In Familien, in denen die Gnade lebendig ist, wird das Denken zum Zweck des Lernens eingesetzt. In Familien, in denen der »Fluch« herrscht, wird es verwendet, zu verteidigen, zu beschuldigen, Ausflüchte zu suchen und sich vor der Verantwortung zu drücken. Und das alles nur, um nicht beschämt zu werden. Was für eine tragische Verschwendung.
   In Familien, in denen der »Fluch« regiert, ist die Frage: »Warum hast du das gemacht?« eine Falle. Es gibt keine akzeptable Antwort. Was immer Sie auch sagen, es wird analysiert und kritisiert werden. In Familien, die von der Gnade getragen werden, sind die Menschen angenommen, und die Frage: »Warum hast du das getan?« ist eine simple Nachfrage, um den Grund für eine bestimmte Verhaltensweise zu verstehen. Wenn die Argumentation fehlerhaft ist und verändert werden kann, wird sich auch das Verhalten ändern.
9. *Gefühle sind wertvoll und nützlich* (im Gegensatz zu schwach ausgeprägten »Empfindungsfähigkeiten«). Gefühle sind nicht richtig oder falsch, sie sind einfach da. Sie sind emotionale und körperliche Signale, die uns sagen, daß etwas zwischen uns und der Welt vorgeht. Die Entscheidungen, die wir als Reaktion auf unsere Gefühle treffen, entscheiden über gute oder schlechte, richtige oder falsche Ergebnisse unserer Gefühle – das heißt, ob sie hilfreich sind oder schädlich. Familien, in denen die Gnade lebendig ist, sehen Gefühle und den Ausdruck von Gefühlen als Gelegenheiten, mit den anderen in Kontakt zu treten, eine noch nicht beendete Beziehungsangelegenheit ins reine zu bringen oder dem anderen, wenn er stark gefühlsmäßig reagiert, zu einer weisen Entscheidung zu verhelfen.
10. *Es ist wichtig, daß das Äußere mit dem Inneren übereinstimmt* (im Gegensatz zu leeren Menschen, die lernen, sich wie erfüllte zu geben). In Familien, in denen die Gnade regiert, ist das, was real ist, wichtiger als der äußere Schein. Einen sicheren Ort zu haben, an dem der Mensch bedingungslos akzeptiert wird und sein äußeres Verhalten mit den inneren Empfindungen übereinstimmt, ist wirklich der einzige Weg herauszufinden, ob es innere Bedürfnisse und Probleme gibt, die angepackt

werden müssen. Das Leben wird gesehen als Prozeß und nicht als ein Ereignis. Das bedeutet, daß die Menschen nicht reagieren oder versuchen müssen, ein bestimmtes Verhalten für immer zu »heilen«. Weil Gott mit im Spiel ist, brauchen Sie keine Panik zu bekommen: Die Geschichte ist noch nicht vorbei, auch wenn es im Augenblick nicht besonders gut aussieht. Unannehmbares Verhalten entsteht durch schlechte Entscheidungen, nicht aufgrund unserer Wertigkeit als Menschen. Weil das so ist, brauchen Mitglieder von Familien, die von der Gnade getragen werden, den anderen nicht abzuwerten, um sich selbst aufzuwerten.

Resignieren Sie nicht, wenn in Ihrer Familie diese Merkmale noch nicht zu finden sind. Beginnen Sie jetzt, an ihnen zu arbeiten. Und Sie brauchen sich auch nicht zu überfordern, indem Sie sich die ganze Liste auf einmal vornehmen und bis zum kommenden Monat geändert haben wollen. Sie können sich ein oder zwei Dinge herausnehmen und daran arbeiten. Durch die Gnade Gottes haben Sie alle Zeit, die Sie brauchen. Sie haben dazu alle Möglichkeiten. Sie können es schaffen.

Mit diesen zehn charakteristischen Merkmalen im Hinterkopf wollen wir uns nun den Kapiteln 13 und 14 zuwenden, in denen einige praktische Ratschläge in bezug auf Ehe und Erziehung gegeben werden.

Kapitel 13

Ehepartner, in denen die Gnade lebendig ist

Gegen Ende der siebziger Jahre riefen Holly und ich mit der Hilfe einiger Freunde einen gemeinnützigen Verein ins Leben. Eines Tages hatte ich ein Treffen mit einem Buchhalter. Wir wollten unsere Bücher durchgehen. Dabei entdeckte ich eine Spalte, die überschrieben war mit »noch nicht geklärt«.

»Was um alles in der Welt bedeutet denn das?« fragte ich. »Und was werden die Vereinsmitglieder zu dieser Spalte sagen?«

Er lachte und antwortete: »Diese Spalte soll mich nur daran erinnern, daß es noch einige Punkte gibt, um die ich mich kümmern muß; lose Enden, die zusammengeknüpft werden müssen. Wenn das erledigt ist, werde ich die Posten in die richtigen Spalten einordnen.«

Dieses und das folgende Kapitel fallen in diese Kategorie. Darin möchte ich die losen Enden in bezug auf Ehe und Erziehung zusammenknüpfen und Ihnen helfen zu verstehen, wie die Gnade im wirklichen Leben wirksam werden kann. Es ist nicht ausgeschlossen, daß dies für Sie bedeuten kann, einige Bereiche Ihrer Beziehungen neu überdenken zu müssen.

Die richtige »Arbeitsfeldbeschreibung« haben

Vor einigen Jahren wurden Holly und ich gebeten, bei einem Familienlager an der Westküste mitzuarbeiten. Während ich Vorträge hielt, arbeitete Holly mit den Kindern in den Bereichen Musik und Schauspiel. In meinen Veranstaltungen legte ich Konzepte und Ansätze dar, die durchaus den in diesem Buch dargestellten ähnlich waren.

Im Laufe der Woche nahm ich mehrere Reaktionen auf meine Denkanstöße war. Es hatte den Anschein, als seien viele Christen – wenn nicht sogar die meisten – der Meinung, Autorität solle genutzt werden, um andere zu kontrollieren. Sie können sich die Verwirrung, Enttäuschung, ja selbst die Verärgerung einiger Leute vorstellen, die ein Leben lang andere dominiert, manipuliert und ihnen auf alle möglichen Weisen ihre Regeln aufgezwungen hatten. Und stellen Sie sich das Erstaunen jener vor, die gedacht hatten, Unterordnung würde bedeuten, sich bis zur Aufgabe der eigenen Persönlichkeit zu erniedrigen. Stellen Sie sich das Gefühl der Befreiung vor, als sie die »Erlaubnis« erhielten, sich so zu verhalten, wie sie waren, und Bedürfnisse zu haben! Aber können Sie sich auch das Hornissennest vorstellen, in das ich gestochen hatte, und die Diskussionen, die stattfanden, wenn diese Leute abends in ihre Zimmer zurückkehrten? Von einigen hörte ich später.

Einige waren wirklich aufgebracht. Doch am meisten fiel mir folgendes auf: Eine große Anzahl von Leuten schien sich unbehaglich zu fühlen und unruhig zu sein; die Mehrheit war schwankend geworden durch das, was sie in meinen Vorträgen gehört hatte. Ich beschloß, dem nachzugehen.

Ich stellte fest, daß ein großer Teil der Leute in dem Camp aus einer bestimmten Gemeinde kam. Der Pastor dieser Gemeinde hatte ein Buch über christliche Ehen gelesen, mit dem er sehr übereinstimmte. Darum ließ er über hundert Exemplare an die Ehepaare seiner Gemeinde verteilen. Und es hatte nun den Anschein, als hätte ich mit meinen Ausführungen diesem Buch sehr stark widersprochen.

Hier sind einige der Gedanken dieses Buches: Es ist die Aufgabe der Ehemänner und Ehefrauen, die Bedürfnisse des Ehepartners zu erfüllen. Das wichtigste Bedürfnis der Frau ist Zuneigung; das wichtigste Bedürfnis des Mannes ist Sex. Eheprobleme entstehen, wenn eines der Bedürfnisse der Eheleute nicht erfüllt wird. Die Probleme können gelöst werden, wenn jeder noch stärker versucht, auf die Bedürfnisse des anderen einzugehen.

Für mich entsteht eine solche Lehre aus einem »flucherfüllten« Denken. Meiner Meinung nach bringt es Menschen hervor, die Kontrolle ausüben und die müde werden, weil sie sich mit einer Aufgabe abmühen, die eigentlich die unserer Quelle, nämlich Gott, ist.

Die Leute in dem Camp begannen, dies zu begreifen. Und ihnen wurde auch klar, daß Müdigkeit und das Gefühl, niemals den Ansprüchen genügen zu können, aus dem Lebensstil kamen, der ihnen nahegebracht worden war. Einige sagten öffentlich, man hätte ihnen die falsche Arbeitsfeldbeschreibung gegeben. Sie freuten sich darüber, daß sie von Gott wirklich angenommen waren, ohne es sich durch ihr besonderes Verhalten oder das ihres Ehepartners verdient zu haben. Und sie begannen, die Beschämung darüber, kein guter Ehepartner gewesen zu sein, zurückzuweisen. Diese Art von Verständnis befreit einen Menschen dazu, geben und dienen zu können. Er muß nicht länger die »Quelle« sein und alle Probleme selber lösen.

Hilfe aus der Quelle

Leben, Wertgefühl und Bedeutung sind Geschenke, die Gott uns in Christus gemacht hat. Es ist die Aufgabe der Mitglieder einer christlichen Familie oder Gemeinde, für den anderen eine Hilfe zu sein. Als gegenseitige Geschenke von Gott können wir Beziehungen aufbauen, in denen die Gnade sich auswirken kann, in denen wir den Menschen dienen, sie aufbauen, ausrüsten und befreien können. Aufgrund der Liebe und des Handelns Gottes, unserer einzigen Quelle, können wir uns gegenseitig an das erinnern, was wahr ist.

Offensichtlich wird uns die Überzeugung, die Bedürfnisse eines anderen befriedigen zu müssen, daran hindern, anderen die Hilfe zu sein, die wir sein könnten. Doch manchmal gibt es auch noch andere Faktoren.

Gibt es Wunden aus vorherigen Beziehungen, die unsere gegenwärtigen Beziehungen noch belasten? Dies ist häufig der Fall, doch dann haben wir die Verpflichtung, Hilfe und Unterstützung zu suchen, um Heilung zu finden, damit der Schmerz nicht übergreift und andere in unserer Nähe verwundet. Sind Ihre Vorbilder für das Familienleben beherrschend oder egoistisch gewesen? Dann lassen Sie sich sensibilisieren für Beziehungsprobleme und fragen Sie Menschen, deren Beziehungen Sie als vorbildlich ansehen, ob sie Ihnen Hilfestellung geben können.

Ist es tatsächlich nur das mangelnde Wissen um das, was zu einer gesunden Beziehung gehört? Dann seien Sie verantwortungsbewußt und fragen Sie solange nach, bis Sie klare Antworten bekommen. Wir alle sind in der Lage zu lernen, zu wachsen und uns zu verändern.

Denken Sie immer daran: Selbst unter den besten Umständen ist der gesündeste, sensibelste, gebildetste Mensch immer noch nicht in der Lage, die Bedürfnisse eines anderen zu erfüllen. Dies liegt in Gottes Verantwortung.

Verlassen und sich binden

In Kapitel 1 haben wir gesehen, daß die ersten beiden Kapitel von Genesis die Ehe als eine Beziehung darstellen, in der die Eheleute »ein Fleisch werden.« In Genesis Kapitel 2,Vers 24 wird betont, wie wichtig es ist, zu »verlassen und sich zu binden«, um diese Beziehung aufzubauen. Dieser Punkt wird auch von Paulus im Epheserbrief, Kapitel 5 wiederholt.

Was bedeutet dies nun eigentlich?

Das Wort, das mit »sich binden« übersetzt wird, bedeutet »anhangen« oder »kleben«. Die Fähigkeit, dies zu tun, wird davon bestimmt, inwieweit Sie sich von Ihren Eltern getrennt haben. Nach *Webster's Dictionary* bedeutet »verlassen« »fortgehen oder scheiden« im positiven, »im Stich lassen« im negativen Sinne. Wir wissen, daß so etwas niemals leicht ist.

Unter normalen Umständen besteht eine starke Beziehung zwischen einer unverheirateten Person und seinen oder ihren Eltern, wenn diese Person in einer abhängigen Beziehung zu ihnen steht. (Ich verwende das Wort »abhängig« hier wertneutral.) Wenn ein Sohn oder eine Tochter aufwächst und eine Beziehung zu der Person aufbaut, die er oder sie einmal heiraten wird, kommt zu der Eltern-Kind-Beziehung noch eine neue, zweite Beziehung hinzu. Dies wird an folgendem Diagramm deutlich:

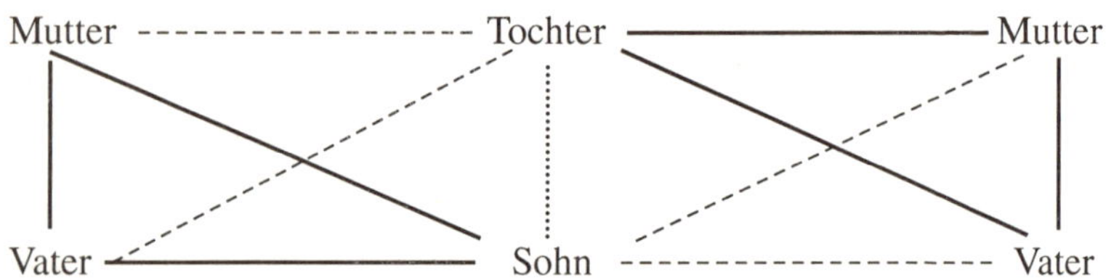

Die durchgezogenen Linien stehen für die ursprünglichen Beziehungen, die gestrichelten Linien für die späteren Beziehungen. Auffallend ist, daß jede Person auch in untergeordnete Beziehungen zu den Familienmitgliedern des zukünftigen Ehepartners eintritt.

Wenn die beiden heiraten, ändert sich die Situation jedoch drastisch. Ihre Beziehung zu den Familienmitgliedern des Ehepartners bleibt dieselbe. Doch die Beziehung zu den eigenen Familienmitgliedern wird zweitrangig. Sicherlich enger als zu der angeheirateten Familie, doch trotzdem zweitrangig. Und ihre Beziehung zueinander wird erstrangig. Das sieht folgendermaßen aus:

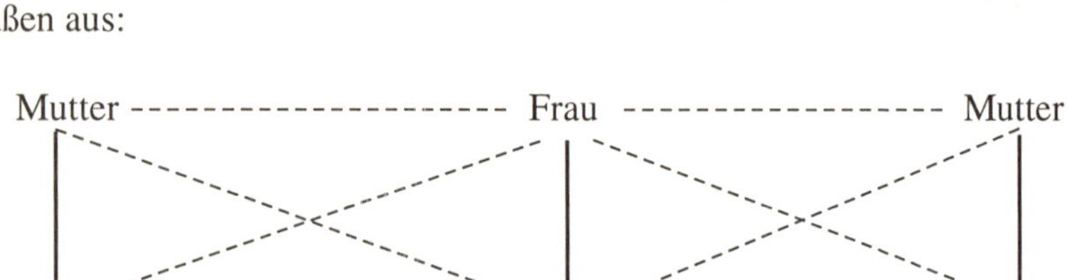

Nach außen hin bedeutet »verlassen« eine geographische Veränderung. Und das ist tatsächlich auch damit gemeint. In den Jahren der Eheberatung habe ich allerdings Menschen kennengelernt, die zwar von ihren Eltern fortgegangen sind, sich jedoch innerlich nie richtig von ihnen gelöst haben. Mit anderen Worten, sie sind vielleicht bei ihrem Ehepartner, doch sie kleben immer noch an den Eltern. Der Grund dafür ist, daß sie sie nie wirklich emotional, gesellschaftlich, psychologisch oder finanziell verlassen haben. Sie kleben noch an ihrer Familie, und dies übermittelt dem Ehepartner deprimierende und beschämende Botschaften.

Manchmal verschlimmert die angeheiratete Familie die Situation noch, wenn auch vielleicht unbeabsichtigt. Sie bietet Hilfe an, um dem Ehepaar aus allen Schwierigkeiten herauszuhelfen, anstatt es in den Schwierigkeiten zu ermutigen, damit es dadurch wachsen kann. Sie bietet unerbetenen Rat an und reagiert verletzt oder beleidigt, wenn er nicht angenommen wird. Auch wird häufig die Bemühung des frischgebackenen Ehepaares, zu verlassen und sich zu binden, als Zurückweisung empfunden. Diese Eltern kontrollieren anstatt zu unterstützen. Es ist schwer, die Eltern zu verlassen, wenn dies bedeutet, ein »böses Kind« zu sein.

Eines möchte ich jedoch klarstellen: Ich sage nicht, daß Sie Ihre Beziehung zu Ihren Eltern abbrechen sollen. Ich sage nicht, daß Sie nie mehr mit Ihren Eltern verkehren oder von Ihnen keine Hilfe annehmen sollten. Doch ich möchte Ihnen Mut machen, zu tun, was nötig ist, um Ihren Vater und Ihre Mutter zu verlassen, und sich an Ihren Ehepartner zu binden. Sie müssen dies tun, ob Ihre Eltern dies nun persönlich nehmen oder nicht.

Gegenseitige Abhängigkeit

In einer Talkshow hörte ich neulich einen Mann, der davon träumte, Profi-Athlet in einer bestimmten Sportart zu werden. Er brachte acht Stunden pro Tag, sechs Tage pro Woche damit zu, sich in dieser Sportart zu trainieren. Er führte keine richtige Ehe mehr und hatte auch keine Beziehung mehr zu seinen Kindern. Die Familie war bankrott und stand in der Gefahr, ihr Haus zu verlieren. Das Publikum beschuldigte ihn des mangelnden Respekts vor seiner Familie. Er war empört. Er wollte doch einfach nur seinen Sport treiben.

Das Publikum warf ihm vor, daß er den Sport der Arbeit vorziehe. Das gab er zu. Er wollte einfach nur spielen. Wenn er sechs Tage pro Woche spielen konnte, ohne mit Familienangelegenheiten belästigt zu werden, ging es ihm gut.

Dies erinnert mich an ein Buch mit dem Titel *The Peter Pan Syndrome* (Dan deKiley, Avon, 1984), das ich einmal gelesen habe. Es war an Frauen gerichtet, die dachten, sie hätten einen Mann geheiratet, deren Partner sich jedoch als »Pan« entpuppte. Sie werden sich erinnern, daß Peter Pan und die »verlorenen Jungen« im Niemals-Land wohnten, in dem niemals jemand erwachsen geworden war. Sie spielten den ganzen Tag lang und erlebten ein unglaubliches Abenteuer nach dem anderen. Der Herr in der Talkshow glich sehr stark einem solchen »verlorenen Jungen«.

So unglaublich dieser Mann auch war, meine Aufmerksamkeit galt seiner Frau. Zwar haßte sie seinen Lebensstil, trotzdem bestärkte sie ihn darin. Sie glaubte ihm, wenn er ihr sagte, er würde sie respektieren, obwohl seine Handlungsweise ganz klar von mangelndem Respekt zeugte. Wo er vernachlässigte, glich sie aus. Warum war sie nur bereit, ihr ganzes Leben damit zu vergeuden, für den »Peter Pan« in ihrem Mann die »Wendy« zu spielen? Offensichtlich war sie die klügere, fähigere der beiden. Und doch gab sie sich so, als könne sie ohne ihn nicht leben. Warum? – Weil sie von ihm abhängig war – das heißt, gefangen in einer kontrollierenden, Sicherheit vermittelnden Beziehung, die sie auslaugte. Und das Vorbild, das sie ihren Kindern in bezug auf eine Beziehung zwischen Erwachsenen gab, war genauso gestört wie das ihres Mannes.

Wie ich schon sagte, gegenseitige Abhängigkeit ist ein anderes Wort für Beziehungsabhängigkeit. Ein solches Verhältnis ist schlecht, es ist geistlich gesehen Götzendienst. Sie wissen ja, es ist Götzendienst, wenn ein Mensch von irgend etwas oder irgend jemandem außer Gott Leben, Sicherheit und Wert erwartet. In einer Beziehung, in der die Partner voneinander abhängig sind, ist Gott nicht die Quelle. Pat Springle, der Senior-Vizepräsident der *Rapha Hospital Treatment Centers,* definiert gegenseitige Abhängigkeit als »den Drang, Menschen zu kontrollieren und zu ›retten‹, indem man ihre Probleme löst«. Der vom anderen Abhängige muß den Partner »auf den rechten Weg bringen«, um ein gutes Gefühl zu bekommen oder als Versuch, die eigenen unerfüllten Bedürfnisse zu befriedigen.

Es kann nicht Ihre oder meine Aufgabe sein, unsere geliebten Familienmitglieder vor schlechten Nachrichten zu bewahren. Wir können ihnen statt dessen helfen, mit den schwierigen Herausforderungen des Lebens fertigzuwerden. Wir brauchen nicht unsere eigenen Bedürfnisse, Gefühle oder Wertvorstellungen zu opfern, während wir anderen bei der Erfüllung ihrer eigenen helfen. Wir können für uns selbst sorgen und unseren Lieben helfen, während sie lernen, selbst für ihre Bedürfnisse verantwortlich zu sein. Sie brauchen nicht in gegenseitiger Abhängigkeit zu leben. Wenn Sie nicht in der Lage sind, damit aufzuhören, suchen Sie Hilfe. Denn wenn Sie so weitermachen, werden Ihre Lieben »unheil« oder verantwortungslos bleiben.

Unterordnung

Neulich habe ich ein Ehepaar beraten, das nach der Lehre lebte, der Mann sei das Haupt (der Chef) und die Frau müsse ihm untertan sein (allen Bedürfnissen des Mannes nachkommen und tun, was ihr aufgetragen wird). Doch eigentlich war es so, daß der Mann sehr passiv und die Frau sehr beherrschend war. Dies übertrug der Frau die anstrengende Aufgabe zu bestimmen, während sie nach außen passiv wirken mußte. Und der Mann mußte sich nach außen als der geistliche Führer erweisen, während er eigentlich der passive Teil war. Das Ergebnis einer solchen Beziehung läßt sich beschreiben mit dem Ausspruch: »Der Hals, der es versteht, das Haupt zu drehen«. Das hat nichts mit der geistlichen Führungsrolle und schon gar nichts mit Unterordnung zu tun.

Vorzutäuschen, mit etwas einverstanden zu sein, womit Sie innerlich überhaupt nicht einverstanden sind, ist keine Unterordnung, auch keine Demut. Es ist Unehrlichkeit – und vermutlich ein vergeistlichter Zuckerguß über siedener Wut. Die eigenen Träume, Vorstellungen, sogar die eigene Identität aufzugeben, um die Billigung eines anderen zu bekommen, ist keine Unterordnung, es ist auch nicht geistlich. Es ist eine Tragödie. Ein solches Leben wird Sie krank machen.

Sexismus

Vor kurzem habe ich ein Witzbuch durchgeblättert, das sich über Männer lustig macht, nur weil sie Männer sind. Der Tonfall war aggressiv herabwürdigend, ja voller unverhohlener Wut. Ähnliche Ausfälle – gegen Männer wie gegen Frauen – sind auch in manchen Komödien oder Fernsehshows zu finden. Das ist nicht lustig, sondern geschmacklos bis verletzend.

Vor nicht allzu langer Zeit hörte ich im Radio einen christlichen Prediger, der seine Ansprache mit dem folgenden Witz begann: »Im Anfang schuf Gott den Mann und die Tiere des Feldes. Und Gott ruhte. Dann erschuf er die Frau – und der Mann, die Tiere und Gott sind seither nicht mehr zur Ruhe gekommen.« Auch das ist nicht lustig, sondern herabwürdigend.

Ich habe den Eindruck, daß die Männer die Frauen im Laufe der Geschichte sehr viel häufiger herablassend behandelt haben als umgekehrt. Wir machen uns über ihre Gefühle, ihren Körper und ihre Sensibilität lustig. Sie sind Opfer unserer sexuellen Witze, unserer Anzüglichkeiten und Belästigungen und unseres sexuell aggressiven Verhaltens. Zahllose christliche Bücher und Predigten haben Adams Behauptung wiedergegeben, die Frau sei verantwortlich für die Sünde in der Welt. Und wir haben Gottes Wort mißbraucht, um eine verzerrte Sichtweise vom »Haupt-sein« und von der Unterordnung weiterzugeben. All das ist und bleibt falsch.

Im Schöpfungsbericht sagte Gott, er würde »Feindschaft setzen« zwischen der Schlange und der Frau (Gen 3,15). Das Wort »Feindschaft« bedeutet absoluter Haß und offene Feindseligkeit. Vielleicht erklärt sich daher, warum Frauen immer wieder ganz besonders dem Bösen ausgesetzt waren und bis heute sind. Ich muß gestehen, ich habe noch nie Angst davor gehabt, Opfer sexueller Gewalt zu werden, wenn ich meinen Wagen auf einem Parkplatz abstellte. Auch hat man mir noch nie gesagt, ich könnte keine Sonntagsschulklasse unterrichten oder das Abendmahl austeilen, weil ich ein Mann bin. Welch eine Tragödie, daß selbst gläubige Männer diese Feindschaft den Töchtern Evas gegenüber unterstützen.

Sexualität

Es gibt viele christliche Bücher und Lehren, die dieselbe Meinung vertreten wie das zu Beginn des Kapitels erwähnte Buch. Unter anderem hält solches Denken Ehepaare zu gegenseitiger Abhängigkeit an (zu Beziehungsabhängigkeit). Sie erheben die gegenseitige Abhängigkeit zu einer Tugend. Traurigerweise vermitteln solche Lehren auch ein falsches Bild der Sexualität. Ich bin absolut nicht der Meinung, Sex sei das wichtigste Bedürfnis des Mannes. Studien über sexuelles Suchtverhalten haben ergeben, es sei falsch zu glauben, daß Sex das Hauptbedürfnis des Mannes ist. Wenn »säkulare« Experten zu dem Schluß kommen, ein solches Denken sei falsch und ungesund, warum verbreiten die Christen es dann?

Ich bin sogar überzeugt davon, daß Sex nicht einmal ein Bedürfnis ist.

Wenn ein Bedürfnis lange Zeit unbefriedigt bleibt, werden Sie krank oder sterben. Ernährung ist ein Bedürfnis und Hunger der Trieb, der dazu führt, daß Sie Nahrung aufnehmen und somit Ihr Bedürfnis befriedigen. Intimität ist ein Bedürfnis, nicht Sex. Der Sexualtrieb führt zu sexueller Betätigung, die *eine* Art ist, den Wunsch nach Intimität zu erfüllen. Es gibt viele Arten, die Sehnsucht nach Intimität zu stillen – und Frauen wissen in der Regel mehr davon als Männer –, doch der Sex ist die intimste Art, die Gott geschaffen hat, zwei Menschen zusammen sein zu lassen. (Darum bereitet unangemessenes sexuelles Verhalten vor oder in der Ehe so tiefen und lang anhaltenden Schmerz.) Doch ohne Sex werden Sie nicht krank oder sterben, auch wenn manchmal etwas anderes vermittelt wird.

Vor einiger Zeit saß ein Mann in meinem Büro und beschrieb den Frust, den er empfand, wenn er versuchte, sich mit seiner Frau auszutauschen. »Kennen Sie diese Käferfallen mit den blauen Lichtern?« fragte er.

»Sicher.«

»So ungefähr läuft das ab, wenn meine Frau und ich versuchen, miteinander zu reden. Wir sind so schnell verletzt und in der Defensive, wir können nicht einmal eine Unterhaltung führen. Was sie sagt, wird sofort zerrissen, bevor ich es noch richtig aufgenommen habe. Und dasselbe passiert mit dem, was ich sage.«

Das führt mich zu einem letzten Thema: das Bedürfnis nach einer gesunden Kommunikation in einer Ehe. Ich meine nicht nur, daß die Menschen mehr miteinander reden sollten, obwohl auch das wichtig ist. Doch wenn eine Kommunikation gesund sein soll, muß sie zielbewußt sein. Viele Menschen müssen lernen, »bewußt« auszusprechen, was sie wirklich denken und aufhören, das zu sagen, was sie eigentlich nicht meinen. Und sie müssen über das, was sie hören, und dessen Bedeutung nachdenken. Sonst verbringen sie nur noch mehr Zeit mit Reden, doch sie hören nicht und werden auch nicht gehört.

Damit hatte ich am meisten zu kämpfen

Ich muß gestehen, daß mir dieses »bewußte« Reden und Zuhören in unserer Ehe sehr schwergefallen ist. Aber nicht nur, weil ich ein Mann bin. Wie viele Menschen kam ich aus einer Familie, in der die Menschen nicht das gesagt haben, was sie wirklich meinten. Bestimmte Dinge wurden verschlüsselt weitergegeben, und Worte wurden gebraucht, um zu kontrollieren. Darum habe ich nie gelernt zu sagen, was ich meinte. Ich lernte zu kontrollieren, nicht zu kommunizieren. Und ich lernte auch, mit Hintergedanken zu reden und zu hören. Ich möchte Ihnen verdeutlichen, was ich damit meine.

Vor einigen Jahren erzählte mir Holly aufgeregt, sie wolle bei einer Veranstaltung, die in unserem Gebiet stattfinden sollte, etwas vorspielen. Es klang recht gut, und ich ermutigte sie, es anzupacken. Als der festgesetzte Tag herankam, fiel mir auf, daß sie mit den Leuten noch keinen Kontakt aufgenommen hatte. Ich machte mir Sorgen, weil ich wußte, wie wichtig ihr das war – doch aus irgendeinem Grund zögerte sie. Bei einer ähnlichen

Gelegenheit hatte sie sich auch nicht mehr gerührt und war später dementsprechend enttäuscht gewesen. Ich wollte ihr meine Unterstützung vermitteln. Ich hätte das tun können, indem ich zum Beispiel gesagt hätte: »Holly, willst du da immer noch mitmachen, oder hast du deine Meinung geändert? Ich weiß, du wirst das großartig machen. Kann ich dir irgendwie helfen?«

Statt dessen sagte ich: »Machst du jetzt eigentlich bei der Veranstaltung mit oder willst du auch diese Gelegenheit ungenutzt verstreichen lassen?« Ich wollte sie damit zum Handeln anspornen, denn ich hatte es mir zur Aufgabe gesetzt, sie zu diesem Auftritt zu bewegen. Leider verwendete ich Worte, die sie beschämten. Anstatt einfach zu sagen, was ich meinte, versuchte ich, ein Ergebnis zu erzwingen.

Ich mußte auch lernen, mein selektives Hören zu korrigieren. Als wir in das Haus mit der Sauna einzogen, war viel Renovierungsarbeit erforderlich. Wir kannten einen jungen Burschen in der Jugendgruppe unserer Gemeinde, der Arbeit für den Sommer suchte, darum beschlossen wir, ihn das Wohnzimmer streichen zu lassen. Er hatte noch nie etwas angestrichen, doch es gab viel zu tun, und er brauchte Geld. Der Raum verfügte über gewölbte Decken, und das war ganz sicher keine Arbeit für einen Anfänger. Ich redete mir ein, dies sei ein »Dienst« an dem jungen Mann, doch ich blieb skeptisch.

Er brauchte etwa zwei Tage, um den Raum zu streichen. Spät am Abend des zweiten Tages war er fertig. Wir bezahlten ihn, und er ging. Einige Fehler waren offensichtlich, doch im Licht der Lampen sah es so aus, als hätte er seine Sache recht gut gemacht.

Bei Tageslicht mußten wir unsere Meinung jedoch gründlich ändern. Unser Anstreicher war mit der braungefärbten Rolle für die Seitenwände immer wieder ausgerutscht, so daß an der weißen Decke in ungleichmäßigen Abständen braune Flecken auftauchten. Es sah aus, als wäre ein winziges Weltraumwesen mit Anti-Schwerkraftstiefeln an unserer Decke herumspaziert.

Ich beschloß, sehr früh am folgenden Morgen aufzustehen und das Eßzimmer selbst zu streichen. Ich war schon fast fertig, als Holly ins Zimmer kam. Während ich noch die letzten Pinselstriche tat, bemerkte sie etwas, das ich noch nicht gesehen hatte: Derselbe kleine Fremdling aus dem Wohnzimmer war offensichtlich auch an der Eßzimmerwand entlangspaziert. »Als Anstreicher bist du nicht viel besser als George«, kicherte sie.

Holly machte einen Scherz. Doch innerlich hörte ich das, was sie sagte, mit anderen Ohren und reagierte. Ich kochte: Wer hat das schon nötig! Ich werde keinen Pinsel mehr anfassen, wenn ich ja doch nur kritisiert werde. Von jetzt an kann sie selbst anstreichen!

Glücklicherweise ging mir noch rechtzeitig auf, was in mir vorging. Ich fragte mich: »Was passiert hier eigentlich?« Ich war beschämt und verletzt, weil ich gehört hatte, daß Holly mich für unzulänglich hielt. Doch tief in meinem Innern wußte ich, daß sie nur Spaß machte. Unbewußt machte ich mein persönliches Wertgefühl von meinen Fähigkeiten als Anstreicher abhängig. Hollys Witz hatte meine Aufmerksamkeit auf meine Unzulänglichkeit gelenkt, darum reagierte ich. Sofort baute ich Mauern um mich herum auf, um mich vor Holly zu schützen. Und ich hatte auch beschlossen, um weiterer Kritik vorzubeugen, niemals mehr einen Farbtopf anzurühren.

Ich möchte noch einmal ausdrücklich darauf hinweisen: *Bewußt* würde ich niemals mein Selbstwertgefühl von meinen Fähigkeiten als Anstreicher abhängig machen. Doch dies ist der Kampf, wenn wir im Glauben wachsen wollen – wir müssen uns mehr und mehr bewußt machen, daß wir unser Selbstwertgefühl und das Gefühl des Angenommenseins bei Gott suchen, daß wir uns klarmachen, wie er uns sieht und was er für uns in Christus getan hat. Wenn wir das tun, sind wir frei zu reagieren, nicht gefangen in der Falle unserer Reaktionen. In meiner Ehe brauche ich Holly nicht niederzumachen. Wenn ich verletzt bin, kann ich sagen: »Hol, so etwas verletzt mich.« Das gibt ihr die Gelegenheit zu sagen, daß es ihr leid tut, oder mich zu bitten, ihr meine Gefühle und meine Reaktion zu erklären.

Das ist Kommunikation, die Intimität aufbaut.

Ganz sicher möchte ich hier nicht den Eindruck vermitteln, meine Ehe mit Holly verlaufe problemlos. Da gibt es immer wieder viel zu tun. Ich bin nicht in der Lage, alle Bedürfnisse meiner Frau zu erfüllen, und sie ist nicht in der Lage, alle meine Bedürfnisse zu erfüllen. Es gibt Zeiten, in denen ich sie wie einen falschen Gott behandle – das heißt, manchmal ist mein Gefühl der Wertigkeit und des Angenommenseins abhängig von ihrem Gesichtsausdruck, ihrem Denken oder ihrem Verhalten. Und wenn dies der Fall ist, werden meine Liebe zu ihr und die Fähigkeit, sie anzunehmen, mein Dienen und meine Art, sie zu fördern, zu dem Bestreben, etwas selbst in die Hand zu nehmen und zu beherrschen.

Doch Hollys Aufgabe ist es, meine Hilfe zu sein. Sie ist eine Hilfe, ein Geschenk an mich von meiner wahren Quelle. Ihre Aufgabe ist es, eine »Gehilfin« zu sein. Und sie ist mir weit mehr als das. Holly hat ihre »Weiblichkeit« dazu gebraucht, mir zu helfen, mich zu dem Mann zu machen, den Gott haben möchte. Ihr Einfühlungsvermögen und ihre Empfindsamkeit haben sie fähig gemacht, mich durch Zeiten der Not hindurchzutragen. Sie hat mir beigebracht, Gott zuzuhören. Von ihr habe ich gelernt, mich an unseren Kindern zu freuen. Und die Freude, mit einer Künstlerin zu leben, hat mir eine ganz neue Sichtweise und ein ganz neues Gefühl für die leisen Töne unseres Lebens und das empfindsame Wahrnehmen der Welt um mich her geschenkt.

Ich danke Gott für sie.

Kapitel 14

Eltern, die sich von der Gnade bestimmen lassen

Das »Hundevideo«, das ich in Kapitel 10 erwähnte, beginnt folgendermaßen: Ein Jäger jagt seinen Hund mit Drohungen und Lockungen durch ein Feld auf die Kamera zu. Während die beiden aus dem Blickfeld verschwinden, tritt der Erzähler ins Bild. »Dies ist ein Beispiel für das, was Sie mit Ihrem Hund nicht tun sollten«, lacht er. Dann wird er ernst und fährt fort: »Die Probleme, die bei der Erziehung eines Hundes entstehen, liegen vorwiegend bei den Menschen. Der Hund ist nur selten das Problem.«

Aufgrund meiner Erfahrung als Familienberater kann ich sagen, daß Probleme bei der Erziehung eines Kindes in den meisten Fällen bei den Eltern zu suchen sind. Das Kind ist nur selten das Problem. Ich möchte das verdeutlichen.

Vor einigen Jahren kam ein junges Paar in meine Sprechstunde, weil der Mann zu Hause gewalttätig wurde. Streitend kamen sie fünfzehn Minuten zu spät zu ihrem Termin. Außerdem brachten sie auch noch ihre zweijährige Tochter mit ins Sprechzimmer, und die Frau bemerkte entschuldigend: »Wir haben niemanden gefunden, der auf sie aufpaßt. Wir hoffen, es ist in Ordnung, daß wir sie mitgebracht haben. Wir können ja auch wieder gehen, wenn Ihnen das lieber ist.«

Ich versicherte ihnen, es sei dieses Mal in Ordnung, und wir begannen mit der Sitzung. Im Laufe des Gesprächs fielen mir zwei Dinge auf: Erstens, das kleine Mädchen schien nicht sehr gut sprechen zu können, denn ihre Eltern übernahmen das Sprechen für sie. Zweitens, mir schien es sehr viel weniger auszumachen, daß das Mädchen bei der Besprechung dabei war als ihnen. Ich hatte von ihr den Eindruck, daß sie sich wie eine normale, neugierige, aktive Zweijährige verhielt. Manchmal allerdings schien sie ein wenig außer Kontrolle zu sein – was es für uns schwierig machte, uns zu unterhalten –, und beide Eltern wurden über fast alles, was sie tat, sehr leicht zornig. Sie verbrachten die meiste Zeit der Sitzung damit, ihr Verhalten in den Griff zu bekommen.

Die Sitzung verlief etwa folgendermaßen:

Amy, das kleine Mädchen, kommt zu mir. Ich lächle sie an und sage ihr, daß ich mich freue, sie kennenzulernen. Der Vater wirkt verärgert. Die Mutter nimmt die nichtverbalen Signale des Vaters wahr und bittet die Tochter, zu ihr zu kommen und sich neben sie zu setzen. Die Tochter schreit »Nein!« und beginnt zu weinen. (Immerhin hatte sie gerade einen neuen Freund gewonnen.) Die Mutter sagt: »Ich gebe dir ein Bonbon, wenn du aufhörst zu weinen und dich neben mich setzt.« Das Mädchen hört auf zu weinen und geht zu ihrer Mutter.

Drei Minuten später versucht Amy, die Brieftasche ihrer Mutter aus der Tasche zu ziehen. Die Mutter sagt: »Nein«. Die Tochter beginnt zu weinen. Der Vater wirkt verärgert. (Seine Verärgerung nahm mit jedem Zwischenfall zu.) Die Mutter bemerkt dies und sagt Amy, sie solle aufhören zu weinen. Das Mädchen weint um so heftiger. Mutter sagt: »Ich gebe dir ein rotes Bonbon, wenn du aufhörst.« Das Mädchen hört auf und bekommt ein Bonbon.

Dann schlägt sie die Mutter auf die Schulter. »Wenn du das noch einmal tust, bekommst du eine Tracht Prügel«, zischt die Mutter. Amy schlägt sie erneut. Schnell sagt der Vater: »Ich nehme sie« und nimmt sie auf. »Wenn du dich beruhigst, gebe ich dir ein Bonbon«, sagt er. Amy beruhigt sich.

Schließlich meine ich: »Hätten Sie etwas dagegen, wenn ich etwas ausprobiere?« Beide sind einverstanden.

Ich wende mich an die Kleine: »Amy, kannst du bitte einmal herkommen?« Sie kommt zu mir. Dann sage ich: »Erinnerst du dich an die freundliche Dame (am Empfang), die du gesehen hast, als du hergekommen bist?«

»Ja.«

»Nun«, fahre ich fort, »du kannst entscheiden, ob du aufhören willst, zu schlagen und zu weinen und neben deiner Mama und deinem Papa sitzen willst. Du kannst auch entscheiden, weiter zu weinen und herumzurennen. Wenn du das willst, dann wirst du den Rest der Zeit draußen mit dieser Dame verbringen, damit deine Mami und dein Papi und ich unser Gespräch zu Ende bringen können. Es liegt an dir. Was möchtest du?«

An diesem Punkt hört sie auf zu weinen und zu jammern, klettert ihrem Vater auf den Schoß und beginnt, mit einem der Spielzeuge zu spielen, die die Eltern mitgebracht hatten.

Die Eltern sind fassungslos. »Ich kann es nicht glauben«, sagt Amys Mutter, die sich bei dem Versuch, ihr Kind unter Kontrolle zu halten, verausgabt hatte.

Was passierte hier? Aus dieser Interaktion zwischen Amy und ihren Eltern können wir mehrere Dinge lernen. Erstens, diese Eltern bestachen ihre Tochter mit Süßigkeiten, um sie zu beruhigen. Ein Kind mit Süßigkeiten zu beruhigen, ist ein Widerspruch in sich und schon rein physiologisch zum Scheitern verurteilt. Zweitens, sie brachten ihr bei, daß ihr schlechtes Verhalten ein Weg war, ein Bonbon zu bekommen. Sie dachten zwar, sie würden sie für ihre Kooperation belohnen. Doch zuerst Unruhe stiften und dann kooperieren, das ist nur ein Trick. Drittens, anstatt die Verantwortung für ihr Handeln Amy zu übertragen, hatten ihre Eltern ihr dies abgenommen. Und darum lernte Amy nicht, sich selbst unter Kontrolle zu haben. Doch Amy hatte den Eltern beigebracht, wann und wie sie ihr ein Bonbon geben sollten.

Viertens, Amy lernte, daß sie durch ihr Verhalten die Macht hatte, die Gefühle ihrer Eltern zu kontrollieren. Wenn dies passiert, erziehen Eltern nicht mehr zum Wohle des Kindes. Sie kontrollieren es, um das Kind zu korrigieren, damit es ihnen gut geht, wenn das Kind sich korrekt verhält. Hier sehen wir wieder die Wirkungsweise des »Fluchs«.

Ich möchte auch, daß Sie aus meiner Interaktion mit Amy einiges verstehen. Erstens gebrauchte ich die Kontrolle, die ich hatte – über das Umfeld, nicht über Amy –, um ihre Entscheidung zu beeinflussen. Anstatt zu versuchen, ihr Verhalten zu kontrollieren, gebrauchte ich meine Autorität, um sie zu befähigen, ihr Verhalten selbst zu kontrollieren. Zweitens, dies führte dazu, daß ihre schlechten Entscheidungen ihr eigenes Problem waren und nicht das ihrer Eltern (oder meines). Drittens, ich kann ruhiger sein, wenn Amys Verhalten, oder das meiner eigenen Kinder, ihr Problem ist und nicht meines. Amys Eltern konnten nur ruhig bleiben, wenn Amy sich ihrer Kontrolle beugte. Dadurch hatte Amy sehr viel Macht über den Gemütszustand ihrer Eltern. Und schließlich, Zweijährige sind sehr wohl in der Lage, Entscheidungen zu treffen und sich unter Kontrolle zu haben, wenn man ihnen die Gelegenheit dazu gibt.

Kontrolle, Einfluß und Befähigung

Ich habe bereits gesagt, daß die Probleme in der Erziehung eines Kindes meistens bei den Eltern zu suchen sind. Damit meine ich nicht, daß Eltern für die Entscheidungen ihrer Kinder verantwortlich sind: Kinder sind für ihre Entscheidungen meist selbst verantwortlich. Das Ziel der Erziehung ist, den Kindern zu helfen, die Verantwortung für ihre Entscheidungen zu übernehmen, genau wie auch die Eltern die Verantwortung für ihre Entscheidungen tragen müssen.

Das Problem ist, daß ich als Erwachsener und Elternteil sehr viel Macht und Autorität habe – physisch, emotional, geistig und geistlich. Weil ich diese Macht besitze, kann ich zu der falschen Auffassung kommen, ich hätte auch die Verpflichtung, vieles zu kontrollieren.Wenn ich allerdings lerne, das zu kontrollieren, was ich kontrollieren kann und muß, hat dies einen großen und positiven Einfluß auf das Leben meiner Kinder und meiner Frau – und auf jede andere Beziehung.

Ich kann meine Kinder zum Beispiel nicht dazu zwingen, ehrlich zu sein. Doch ich kann ihre Ehrlichkeit verstärken, indem ich darauf achte, ob sie die Wahrheit sagen. Ich kann sie nicht veranlassen, mir zu vertrauen, doch ich kann kontrollieren, ob ich meine, was ich sage. Ich kann sie nicht veranlassen, auf Jesus zu vertrauen, doch ich kann sie zum Glauben ermutigen, indem ich mich selber darum bemühe, Jesus zu vertrauen. Denn sie beobachten, wie ich selbst lebe. Ich kann meine Kinder nicht zwingen zu gehorchen. Doch ich kann meine Reaktion auf ihren Ungehorsam kontrollieren – das heißt, ich kann ihre Entscheidungen respektieren und kluge Konsequenzen für ihr Handeln anbieten, damit sie nicht nur lernen zu gehorchen, sondern auch verstehen, warum es wichtig ist zu gehorchen. Und ich kann auf ihren Ungehorsam reagieren, indem ich ein Umfeld schaffe, in dem ihre schlechten Entscheidungen *ihr* Problem sind. Dies alles wird sie beeinflussen und befähigen, kluge Entscheidungen zu treffen.

Sie sehen also, ich übe Kontrolle aus. Aber Sie werden jetzt sicher auch das Folgende verstehen: Ich glaube nicht, daß ich das Verhalten meiner Kinder kontrollieren sollte. Sie müssen lernen, sich selbst zu kontrollieren; ich muß nur meine Möglichkeiten einsetzen, sie dazu zu befähigen.

Ihr Versuch, das Verhalten Ihres Kindes zu kontrollieren, wird ein ganz anderes Ergebnis erbringen als Ihre Entschlossenheit, Ihr Kind in die Lage zu versetzen, sich selbst zu kontrollieren. Der erste Weg führt zur Unfähigkeit, der zweite zur Lebenstüchtigkeit. Der erste zu äußerer Willfährigkeit, der zweite zu weisen Entscheidungen. Der erste zum Leben aus Angst, der zweite zum Leben aus der Fülle.

Willfährigkeit gegen Gehorsam

Aus Bibelstellen wie 1 Samuel, Kapitel 16, Verse 6 und 7 und Matthäus, Kapitel 23, Vers 25 wird ersichtlich, daß Gott das Herz ansieht. Als gläubige Eltern sollte das auch bei uns der Fall sein.

Vor einigen Jahren lud mich eine Gemeinde zu einem Wochenendseminar zu einigen der in diesem Buch dargestellten Themen ein. Eine Frau hob die Hand und fragte: »Sind Sie der Meinung, daß Eltern ihre Kinder veranlassen sollten, zum Gottesdienst zu gehen?«

Ich erwiderte: »Wenn Ihre Kinder nur in den Gottesdienst gehen, weil Sie es wollen, dann ist das keine geistliche Gesundheit auf Seiten Ihrer Kinder.«

»Dann denken Sie also nicht, daß man sie trotzdem anhalten sollte zu gehen?« beharrte sie. An diesem Punkt wurde offensichtlich, daß sie genau dies dachte, und sie hätte sich besser gefühlt, wenn ich ihr zugestimmt hätte.

»Es ist in Ordnung, eine Familienregel über den Gottesdienstbesuch aufzustellen und darauf zu beharren, daß die Kinder auch gehen. Aber machen Sie sich nichts vor. Wenn sie gehen, weil sie dazu gezwungen werden, dann dürfen Sie das nicht mit Liebe zu Gott verwechseln«, antwortete ich.

Sie war sehr frustriert.

Wichtig an diesem Beispiel ist nicht, ob Ihre Kinder zum Gottesdienst gehen oder nicht. Wichtig ist mir, daß Sie den Grund eines Verhaltens erkennen. Wenn ein Kind sich einem Druck von außen beugt, bedeutet das, daß das Kind in eine Form gepreßt wird; es paßt sich an. Beim wirklichen Gehorsam geht es darum, äußerlich in Übereinstimmung mit dem zu leben, was Gott innerlich tut.

Der Zweck von Konsequenzen

Viele Eltern begreifen den Zweck von Konsequenzen nicht. Nachfolgend einige Regeln dazu:

Lassen Sie Ihre Kinder nicht Konsequenzen spüren, weil Sie sie für falsches Verhalten bestrafen wollen. Mir ist aufgefallen, daß Leute, die in Famlien oder Gemeinden großgeworden sind, in denen Strafe an der Tagesordnung war, Schwierigkeiten haben, Vergebung als ein Geschenk zu erleben. Sie scheinen das Bedürfnis zu haben, sich die Vergebung zu verdienen, indem sie für ihr Vergehen bezahlen oder wiedergutmachen müssen, was sie getan haben. Jesus Christus hat die Strafe für unser ganzes falsches Verhalten bereits auf sich genommen.

Lassen Sie Ihre Kinder nicht Konsequenzen spüren, um sie zu einem bestimmten Verhalten zu zwingen. Menschen, die so etwas tun, versuchen, das Verhalten ihrer Kinder zu kontrollieren, indem sie ihnen beibringen, sich so zu verhalten, damit sie Schmerz vermeiden. Dies fördert bestenfalls Willfährigkeit und den Drang, den Menschen zu gefallen, nicht die Fähigkeit, kluge Entscheidungen zu treffen. Kinder, die lernen, Schmerz unter allen Umständen zu vermeiden, werden zu Erwachsenen, die Angst davor haben, etwas Neues auszuprobieren. Einige Erwachsene opfern ihre Integrität und biedern sich einem Chef an, den sie nicht ausstehen können, nur um eine Stellung zu behalten, die sie auch noch hassen. Wann haben sie Ihrer Meinung nach ein solches Verhalten gelernt? Und was passiert, wenn diese Kinder sich nicht mehr in einem Umfeld aufhalten, das sie in eine positive Richtung formt? In ihrem neuen Umfeld lernen sie vielleicht, Drogen zu nehmen, sexuell aktiv zu werden oder daß sie Schwierigkeiten aus dem Weg gehen, wenn sie der Masse folgen.

Lassen Sie Ihre Kinder Konsequenzen spüren, um sie richtiges Verhalten zu lehren. Solange Sie viel Mühe in Ihre Aufgabe als Eltern investieren (und das tun Sie), machen Sie es richtig. Sie können Ihre Energie damit vergeuden, Ihre Kinder durch Versprechungen, Drohungen und Predigten zu kontrollieren und zu korrigieren. Oder Sie können Ihre Energie darauf verwenden, Konsequenzen zu entdecken und anzuwenden, aus denen Ihre Kinder etwas über die Weisheit ihrer Entscheidungen lernen können und fähig werden, kluge Entscheidungen zu treffen. Kinder können durch angemessene Konsequenzen aus ihrem Ungehorsam genauso viel lernen wie durch ihren Gehorsam.

Erlauben Sie Ihren Kindern, die natürlichen Konsequenzen ihres Verhaltens zu erfahren. Ganz bestimmt meine ich damit nicht, daß Sie Ihren Dreijährigen auf der Straße spielen lassen sollten, damit er lernt, wie weise Ihre Verbote sind. Überall ist unsere Denkarbeit gefragt.

Sehen wir uns einmal das folgende Beispiel an. Vor zehn Jahren war ich mit Kara und Jesi unterwegs. Kara war damals sieben Jahre alt, Jesi drei. Im Rückspiegel beobachtete ich, daß Kara Jesi nach »Art der großen Schwester« tyrannisierte. Auf einmal versetzte Jesi ihr einen Stoß.

»Daddy, Jesi hat mich gehauen«, beklagte sich Kara.

»Denk mal über das nach, was gerade passiert ist«, antwortete ich. Kara dachte zwanzig Sekunden lang nach. Dann sah ich im Rückspiegel, daß sie wieder von vorne anfing.

Wumm! Jesi versetzte ihr erneut einen Schlag.

»Jesi hat mich schon wieder gehauen«, weinte Kara.

»Kara, ich weiß, daß du in der Lage bist herauszufinden, wie du es vermeiden kannst, geschlagen zu werden«, antwortete ich. Ich beobachtete im Rückspiegel, wie Kara angestrengt überlegte. Und dann sah ich, wie es ihr dämmerte. Das Ärgern hörte auf.

Ja, Kara verhielt sich nicht angemessen. Doch durch diese Interaktion übermittelte ich Kara die Botschaft, daß sie in der Lage war, zu denken und kluge Entscheidungen zu treffen. Einem Kind zu helfen, kluge Verbindungen herzustellen, ist vermutlich der wichtigste Teil des Erziehungsprozesses. Ich ließ auch zu, daß Karas Verhalten und die Konsequenzen ihr Problem waren. Mein Vater hätte wie so viele andere den Wagen angehalten und nach hinten geschlagen. Unser Verhalten hätte dann seiner Kontrolle unterstanden und für uns wäre es keine Gelegenheit zu lernen gewesen.

Es stimmt, der Erziehungsprozeß war nicht vorbei, als Kara lernte, daß sie in der Lage war, eine bessere Entscheidung zu treffen. So hatte ich auch die Gelegenheit, Jesi beizubringen, daß es noch etwas anderes gab als schlagen. Ich sagte: »Jesi, es ist nicht in Ordnung, Kara zu schlagen. Wenn du traurig oder wütend über das bist, was sie tut, so kannst du das in Worten ausdrücken, ohne zu schlagen.« Karas Konsequenz, wenn sie fortfuhr, ihre Schwester zu ärgern, war klar. Jesis war ihr nicht so klar, und wenn sie auch weiterhin um sich schlug, würde ich einen Weg finden müssen, ihr Schlagen zu ihrem Problem zu machen anstatt zu Karas oder meinem. Dies ist die Aufgabe der Erziehung.

Sie müssen durchhalten

Konsequenzen und Konsequenz sind von größter Bedeutung. Wenn Sie nicht durchsetzen können, was Sie von Ihrem Kind erbitten, fordern Sie es erst gar nicht. Wenn Ihre Tochter ihre Schwester schlägt, können Sie sagen: »Hör auf, deine Schwester zu schlagen.« Wenn sie auch weiterhin schlägt, können Sie fortfahren zu sagen: »Hör auf zu schlagen«. Sie können eine Predigt loslassen über die Verabscheuungswürdigkeit von Gewalt. Doch wenn es Ihnen nicht gelingt, die Verantwortung für ihr Verhalten von Ihnen auf Ihre Tochter zu übertragen, lernt sie bei solchen Gelegenheiten etwas, was sicher nicht in Ihrem Sinne ist.

Erstens, Ihre Tochter lernt, daß »hör auf zu schlagen« eigentlich bedeutet: »Mir gefällt es nicht, wenn du schlägst, aber wenn du meinst, dann mach halt weiter.« Sie lernt auch, ihre Gefühle durch Schlagen anstatt durch Worte mitzuteilen. Und sie lernt, daß sie, wenn ihr eine kleine Predigt nichts ausmacht, ruhig weiter Menschen wehtun kann.

Sagen Sie statt dessen folgendes: »Du kannst wählen, ob du aufhören willst zu schlagen und zum Spielen hierbleiben willst, oder ob du auch weiter schlagen willst.« Diese Entscheidung kann sie treffen. »Aber wenn du das tust, dann wirst du in dein Zimmer gehen ...« oder eine andere Konsequenz tragen müssen, die Ihnen gerade einfällt, »... bis du beschließt, mit dem Schlagen aufzuhören. Was willst du jetzt?« Und dann müssen Sie konsequent sein.

Wenn Sie sagen: »Du kannst gehen, wenn dein Zimmer sauber ist« – müssen Sie es auch durchziehen. Wenn Sie sagen: »Natürlich kannst du dein Geld für Cassetten ausgeben, aber dann hast du nichts mehr für die Schuhe, die du so gern haben möchtest.« Geben Sie kein Geld, auch wenn Ihnen eine herzerweichende Geschichte erzählt wird. Sagen Sie nicht: »Was ist denn los mit dir? Ich habe dir doch gesagt, du sollst dein Geld sparen, wenn du neue Schuhe haben willst.«

Es ist Arbeit, sich Konsequenzen auszudenken und konsequent zu sein, doch nicht so viel Arbeit, wie wenn Sie die Handlungsweise Ihrer Kinder kontrollieren, weil Sie überzeugt sind, nur so könne man richtig erziehen. Haben Sie Mut, den eingefahrenen Erziehungsstil zu verlassen und neues zu wagen.

Lernen Sie, sich Fragen in Ihrem Inneren zu stellen

Wir haben bereits gesehen, daß die Menschen grundlegende innere Bedürfnisse haben, die in drei Kategorien einzuordnen sind: Wir müssen wissen, daß wir vorbehaltlos geliebt und angenommen sind, daß wir wertvoll, wichtig und begabt sind und daß wir uns nicht allein im Leben zurechtzufinden brauchen. An dieser Stelle möchte ich Sie herausfordern, das Verhalten Ihres Kindes immer in Beziehung zu seinen Bedürfnissen zu sehen. Mit anderen Worten, wenn Ihr Kind ungehorsam ist, anderen wehtut oder anderes Fehlverhalten zeigt, stellen Sie sich die Frage: »Welches Bedürfnis will es mit diesem Verhalten befriedigen?«

Indem Sie sich diese wichtige Frage stellen, nehmen Sie sich der inneren Bedürfnisse Ihres Kindes an und sind nicht nur Trainer und Kontrolleur des äußeren Verhaltens. Sie können selbst sein unangemessenes Verhalten als eine Gelegenheit nutzen, seinen Bedürfnissen gerecht zu werden. Dies beseitigt in vielen Fällen den Grund für die unangemessene Handlungsweise Ihres Kindes. Sie erkennen möglicherweise, daß sein Verhalten nur ein Umweg ist, Ihnen ein Bedürfnis mitzuteilen, das erfüllt werden soll. Zum Beispiel kann Klammern ein Weg sein, einem anderen Menschen mitzuteilen: »Ich brauche Liebe, ich fühle mich unwichtig, ich bin einsam.«

Nutzen Sie jede Gelegenheit, den Kindern beizubringen, geradeheraus nach Dingen zu fragen. Wenn ein Kind sich zum Beispiel mit einem anderen schlägt, will es damit vielleicht sagen: »Mir gefällt nicht, wie ich behandelt werde. Ich habe das Gefühl, als würde ich nicht zählen.« In diesem Fall muß das Kind lernen, dies in Worten auszudrücken. Das andere Kind muß eine Information bekommen, wie ihr beider Verhalten andere Menschen beeinträchtigt. Beide sind dadurch in der Lage, bessere Entscheidungen zu treffen.

Vielleicht quengelt Ihr Kind, daß Sie mit ihm spielen sollen, und wie oft Sie ihm auch sagen, es soll damit aufhören, es macht weiter. Sie könnten herausfinden, daß es aufhört, sich so zu verhalten, wenn Sie sagen: »Wenn du Aufmerksamkeit willst, dann kannst du mich darum bitten.« (Das funktioniert bei Kindern aller Altersgruppen und auch bei Ehepartnern.) Wenn Sie darum bitten, können Sie sie ihnen geben, oder Sie können sagen: »Ich werde in dreißig Minuten mit dir spielen. Zuerst muß ich zu Ende bringen, was ich gerade tue.« Dann müssen Sie konsequent sein.

Wenn Ihr Kind Sie anschreit, ist es vielleicht deswegen, weil es gegen Autorität rebelliert? Sind Sie der Meinung, es müßte seinen Eltern mehr Respekt zeigen? Oder ist der Grund dafür, daß Sie sich unbedeutend fühlen, daß niemand Ihnen zuhört, so daß Sie laut werden müssen, um gehört zu werden? Stellen Sie sich jeweils die innere Frage, und Sie werden etwas über Ihr Kind erfahren, das Sie in Erstaunen versetzen wird.

Wenn ein Teenager sich auf vorehelichen Geschlechtsverkehrt einläßt, ist es wirklich wegen der in Wallung geratenen Hormone? Ist es wirklich nur deswegen, um die Regeln zu mißachten? Oder könnte es ein Versuch sein, sich geliebt und angenommen zu fühlen, bedeutend oder nicht allein? Ich denke schon. Ich bin der Meinung, für Teenager ist es leichter, mit dem Sex zu warten, bis sie verheiratet sind, wenn sie das Gefühl haben, daß ihre Grundbedürfnisse nach Annahme, Liebe und Kameradschaft zu Hause befriedigt werden. Sie brauchen es, daran erinnert zu werden, daß sie vorbehaltlos geliebt sind.

Erziehung aus der Fülle

Wenn Sie lernen, die oben genannten Fragen zu stellen, werden Sie auf einer guten und durchdachten Grundlage erziehen können. Mit anderen Worten: Die Entscheidungen Ihrer Kinder liegen in deren Verantwortung und resultieren aus der Entscheidung, wie sie ihre eigenen Bedürfnisse befriedigen wollen. Wenn Sie dies einmal verstanden haben, können Sie aufhören, die Entscheidungen Ihrer Kinder als Aussagen über Sie zu werten. Wenn Ihre Kinder sich vor der angeheirateten Familie seltsam verhalten, so ist dies ihre Entscheidung und hat nichts mit Ihrem Wert als Person zu tun. Das müssen Sie wissen, weil Sie sonst korrigieren und Ihr Wohlbefinden vom Wohlverhalten Ihrer Kinder abhängig ist. Sie erziehen zum Kontrollieren, nicht zum Dienen. Der äußere Schein und das, was die Leute sagen, wird wichtiger werden als das, was innerlich vorhanden ist.

Ihre Kinder sollten sich nicht angemessen verhalten müssen, damit Sie sich wertvoll fühlen können. Es ist nicht ihre Aufgabe, mit ihrem Verhalten Ihren Wert zu bestätigen und vergangene Beziehungsschwierigkeiten wiedergutzumachen. In einer gesunden christlichen Familie sind die Kinder nicht für die Erwachsenen da, sondern die Erwachsenen sind dazu da, ihren Kindern Hilfestellung zu geben.

Ihre erste Verantwortung als Eltern ist es, sich um sich selbst zu kümmern. Eltern, die sich von Gott umsorgt wissen, können ihrer Familie bessere Hilfestellung geben und stehen seltener in der Versuchung, andere zu beherrschen, um sich als Ergebnis ihres Verhaltens wertvoller zu fühlen.

Jeder ist selbst für sein Verhalten verantwortlich

Wenn Ihr Kind berichtet, daß ein Verwandter oder ein Klassenkamerad es schlecht behandelt hat, fragen Sie nicht: »Und was hast du getan? Sicher hast du es verdient.« Niemand verdient es, gewalttätig oder böse behandelt zu werden, weder Kinder noch Erwachsene. Diese Antwort impliziert, daß es unter bestimmten Umständen in Ordnung ist, jemanden schlecht zu behandeln. Möchten Sie wirklich, daß Ihr Kind lernt, so zu denken?

Der andere hat sich gemein verhalten, weil er es wollte. Niemand hat ihn dazu gezwungen. Das kann auch Ihr Kind nicht – selbst wenn es die »gemeine Behandlung« provoziert hat. Ihr Kind kann jemand anderen auch nicht zwingen, freundlich mit ihm umzugehen.

Wir können unseren Kindern helfen, Verhaltensweisen zu vermeiden, die andere provozieren und dafür andere zu lernen, die von vorneherein ein gutes Miteinander ermöglichen. Wir müssen dabei jedoch unsere Kinder immer wieder daran erinnern, daß sie letztlich nur die Verantwortung für *ihr* Verhalten, nicht für das der anderen, zu tragen haben.

Das gilt auch für uns Eltern

Auch die Eltern müssen die Verantwortung für ihr Verhalten auf sich nehmen. Machen Sie Ihren Kindern keine Vorwürfe wegen ihres Verhaltens. Sagen Sie nicht: »Wenn du folgsamer gewesen wärst, hätte ich nicht zu brüllen brauchen.« Ihre Kinder sind für Ihr Schreien nicht verantwortlich, Sie selbst sind es. Sie brauchen nicht zu schreien. Sie sind in der Lage, andere Wege zu finden, um mit Ihrem Frust umzugehen. Sie sind es, der sich ändern muß, damit Sie aufhören können zu schreien. Dasselbe gilt für das Schlagen, Fluchen, Kopf- oder Magenschmerzen bekommen und Schmollen.

Es liegt auch in Ihrer Verantwortung, sicherzustellen, daß Wertmaßstäbe, Bitten und Konsequenzen deutlich mitgeteilt werden. Wenn Sie sagen, daß Sie am Samstag auf die Kirmes gehen wollen, dann müssen Sie gehen, weil Sie es versprochen haben. Es ist nicht in Ordnung, am Samstag zu beschließen, doch zu Hause zu bleiben, weil Ihre Kinder am Freitag ihre Zimmer nicht aufgeräumt haben.

Die Familienmitglieder müssen bekommen, was ihnen versprochen wurde, weil es versprochen wurde, und nicht, weil sie es verdient haben. Machen Sie Ihre Versprechen nicht vom Verhalten der Kinder abhängig. In diesem Fall wären Sie aus Ihrem Versprechen, mit den Kindern auf die Kirmes zu gehen, nicht deswegen ausgestiegen, weil sich Ihre Kinder schlecht benommen haben, sondern weil Sie sich plötzlich für eine unangekündigte Bestrafung entschieden haben. Sie müssen sich also für das unaufgeräumte Zimmer eine andere Konsequenz einfallen lassen. Es wäre auch in Ordnung gewesen zu sagen: »Wenn ihr eure Zimmer aufgeräumt habt, gehen wir zur Kirmes.« Hier wäre die Entscheidung der Kinder, ihre Zimmer nicht aufzuräumen, ihr Votum gewesen, lieber zu Hause bleiben zu wollen statt auf die Kirmes zu gehen.

Kinder müssen lernen, ihre Aufgaben zu erledigen

Kinder versuchen nur zu gern, Erwachsene Arbeiten tun zu lassen, die sie auch gut selbst tun könnten. Der Grund hierfür ist vor allem, daß sie sich dafür nicht für begabt genug halten.

Befähigen Sie Ihr Kind, seine eigene Beziehungsarbeit zu leisten, anstatt sich in eine Beziehung zwischen zwei Menschen einzumischen.

Eines Tages kam Callie zu mir und sagte: »Erin benutzt meine Textmarker.« Dies ist ein Code und bedeutet: »Es gefällt mir nicht, und ich möchte, daß du das für mich in Ordnung bringst.«

Ich antwortete: »Hast du ihr deine Erlaubnis gegeben?«

»Nein«, erwiderte Callie.

»Hast du mit ihr darüber gesprochen?« fragte ich.

»Nein.«

»Ich denke, du solltest versuchen, mit ihr zu sprechen. Los, du kannst es«, ermutigte ich sie.

Sie ging weg.

»Erin«, hörte ich Callie sagen, »mir gefällt nicht, daß du meine Textmarker benutzt, ohne mich zu fragen. Ich möchte sie zurückhaben.«

»In Ordnung«, erwiderte Erin. Dann fragte sie: »Callie, darf ich mir deine Textmarker ausleihen?«

»In Ordnung«, gab Callie ganz freundlich zurück.

Ich traute meinen Ohren kaum. Callie hatte ihre Angelegenheit selbst geregelt, und das mit so wenig Anstrengung meinerseits! Nicht, daß Callie selbstsüchtig war und nicht teilen wollte, sie wollte nur gefragt werden.

Das geht, wie alle Eltern wissen, nicht immer so leicht. Manchmal antwortet das Kind, das die Textmarker benutzt: »Hau ab.« Wenn dies geschieht, muß der Besitzer der Textmarker ermutigt und befähigt werden, mit einer solchen Situation umzugehen. Ich würde vielleicht mit ihr gehen und mich neben sie stellen, während sie versucht, ihre Stifte zurückzubekommen. Wenn sich der andere weigert oder starrsinnig wird, könnte ich sagen: »Ich möchte, daß du deiner Schwester zuhörst und eine vernünftige Entscheidung triffst.« Wenn sie sich dann immer noch weigert, würde ich sagen: »Du kannst entscheiden, ob du ... willst oder ob du ... willst. Wie entscheidest du dich?«

Es erfordert sehr viel Anstrengung, sich nicht einzumischen und nicht zu versuchen, die Gefühle und das Handeln der anderen zu bestimmen. Doch mit etwas Übung werden Sie es schon schaffen.

Ein genaues Bild von Jesus

Als Erin etwa zwei Jahre alt war, zeigte sie mir stolz dieses Bild.

Mir fiel auf, daß die Person auf dem Bild kahlköpfig war und der Name darunter mit den Buchstaben J und E begann. Ich sah es mir nicht so genau an und nahm fälschlicherweise an, sie hätte ein Bild von mir gezeichnet. (Allerdings konnte ich nicht verstehen, warum sie mir drei Augen gezeichnet hatte. Mir wurde jedoch klar, daß ein zweijähriges Kind, wenn es einen kahlköpfigen Mann betrachtet, den Eindruck haben muß, die Nase sitze zwischen seinen beiden Augen.)

Doch dann sah ich mir noch einmal den Namen darunter an. Jesus. Ich hielt den Atem an. Ich hatte das Gefühl, als hätte mich jemand in den Magen geboxt. So sah Jesus für Erin aus: genau wie ich. Ich fragte mich, ob ich wirklich wie er aussah.

Nein, ich werde nicht den Platz im Leben meiner Kinder einnehmen, der Gott gebührt. Doch wie Jesus habe ich die Aufgabe, meiner Familie die Gnade Gottes zu zeigen. Was für ein »Jesus« bin ich meinen Kindern? Bin ich der »Jesus«, der verbale und nichtverbale Botschaften aussendet, die besagen: »nicht gut genug«, »irgend etwas stimmt nicht mit dir«, »gib dir mehr Mühe« – oder spiegle ich einen »Jesus« wider, der sie mit bedingungsloser Liebe annimmt, der sie an ihren hohen Wert erinnert und ihnen die Hilfe anbietet, die sie brauchen, um das Leben meistern zu können?!

Gott liebt uns mit einer Liebe, die nicht davor zurückscheute, ans Kreuz zu gehen. Ich denke, wir sollten uns dies immer wieder ins Gedächtnis rufen.

Schlußfolgerung

In diesem Buch habe ich Ihnen Prinzipien angeboten, die nicht als Wertmaßstäbe zu verstehen sind, die man erfüllen muß, sondern als neue Wege, über Gott und seine Gnade nachzudenken, und wie er Ihr Leben und das Ihrer Familie verändern kann. Wenn Sie an Christus glauben, stehen Ihr Wert und Ihre Identität fest, weil Jesus dafür eingestanden ist. Es ist nicht die Aufgabe Ihrer Familienmitglieder, durch ihr Verhalten Ihren Wert zu bestätigen. Es steht Ihnen frei, mit dem Drang, beherrschen zu wollen, aufzuhören. Sie können lernen, was es bedeutet zu dienen, ohne jedermanns Sklave zu werden. Sie können mehr und mehr den Umgang mit anderen aus einer neuen geistlichen Fülle heraus lernen.

Durch die Gnade Gottes können Sie effektivere, weil »gnadenerfülltere« Ehepartner oder Eltern werden. Während Sie diese Wahrheiten mehr und mehr in die Tat umsetzen, wird Ihre Familie zu einem Ort werden, an dem die Gnade sich auswirken kann.

Jeff VanVonderen, Autor verschiedener Bücher, hält in ganz Amerika Vorträge über Themen wie »Das Wohlergehen von Gemeinde und Familie«. Er ist Pastor und Familienberater der *Church of the Open Door* in Crystal, Minnesota. Außerdem ist er Direktor des *Damascus Inc.*, eines auf Familien ausgerichteten Erholungszentrums.
Er lehrt am *Bethel College* und ist Berater des *Charles E. Fuller Institutes.*